立人天地

INSIGHTS: HOW EXPERT

校长决策力：
复杂问题案例研究

PRINCIPALS MAKE

[英] 迪翁 · V. 麦克劳林（Dionne V. McLaughlin） 著

吴 瑕 高连兴 译

DIFFICULT DECISIONS

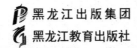

黑龙江出版集团
黑龙江教育出版社

版权登记号：08-2016-030

图书在版编目（CIP）数据

校长决策力：复杂问题案例研究 / (英) 麦克劳林
(McLaughlin,D.V.) 著；吴瑕，高连兴译.
—哈尔滨：黑龙江教育出版社，2016.5
ISBN 978-7-5316-8717-7

Ⅰ.①校… Ⅱ.①麦… ②吴… ③高… Ⅲ.①校长 -
学校管理 - 研究 Ⅳ.①G471.2

中国版本图书馆CIP数据核字(2016)第102389号

校长决策力：复杂问题案例研究
XIAOZHANG JUECELI:FUZA WENTI ANLI YANJIU

作　　者	〔英〕迪翁·V.麦克劳林（Dionne V. McLaughlin）著
译　　者	吴瑕　高连兴　译
选题策划	王春晨
责任编辑	宋舒白　张培培
装帧设计	Amber Design 琥珀视觉
责任校对	孙丽

出版发行	黑龙江教育出版社（哈尔滨市南岗区花园街158号）
印　　刷	北京鹏润伟业印刷有限公司
新浪微博	http://weibo.com/longjiaoshe
公众微信	heilongjiangjiaoyu
天猫店	https://hljjycbsts.tmall.com
E－mail	heilongjiangjiaoyu@126.com
电　　话	010—64187564

开　　本	700×1000　1/16
印　　张	12.75
字　　数	150千
版　　次	2016年6月第1版　2016年6月第1次印刷
书　　号	ISBN 978-7-5316-8717-7
定　　价	32.00元

目录 / contents

第一部分　专业校长做决定时应考虑的要素

第二部分　做出艰难决策

校长简介

参与这次调研的二十一位校长来自于包含乡村和城市的五个区域，包括马萨诸塞州、马里兰州、北卡罗来纳和北加利福尼亚。表格1.0中的这个大框架被用于考查专业教育者做决策的实践是否切实有效，并在此之中分析它的实际应用。中央管理者必须在能力范围内推荐他们认识的最专业的校长。如果他们不愿意任命最好的校长，那么曾经担任过校长或者那些高于地区平均水平的学校的校长往往会担任此职。校长的定性考核会在五个大区内展开，并采取匿名的方式。经过我之前所在大学的人权研究委员会批准，我在奥德姆研究所的帮助下出了这次的考题。在这些校长当中，有的从业才五年，而有的则已经干了二十九年，一半是女性。虽然白人占了大多数，非裔美国人和拉丁美洲的校长也参与了这次调研。而他们所管理的学校规模也从105个学生到2 353个学生不等，有的是传统学校，有的是非传统学校，还有先修书院。有些学校处于极端的贫困之中，有些却享有崇高的名望和巨大的影响力。我很享受这次交流。校长们在面对复杂多变的问题时的淡定和从容都让我印象深刻。

表格1.0　校长名单

州府	化名	种族	性别	从业年份	学校类型	社会经济地位（免费午餐比例）	学校规模
北卡罗来纳	亨利	白	男	5	城市	40%	1268
北卡罗来纳	金	白	男	13	城市	74%	1154
北卡罗来纳	亚当	白	男	13	城市	42%	1195
北卡罗来纳	万斯	白	男	8	城市	100%	320
北卡罗来纳	梅杰	非裔	女	7	城市（先修书院）	47%	105
北卡罗来纳	爱德华	白	男	11	城市	52%	1725
北卡罗来纳	佩伯	非裔	男	29	城市非传统	—	—
北卡罗来纳	里昂	白	女	12	城市（先修书院）	61%	240
马里兰州	华莱士	非裔	女	8	城市非传统	81%	255
马里兰州	罗林斯	非裔	男	5	城市	84%	326
马里兰州	杰弗里	非裔	女	12	城市	89%	498
马里兰州	拜伦	白	男	5	城市	72%	1659
马萨诸塞州	史塔尼斯	白	男	6	郊区	9%	1722
马萨诸塞州	曾格	白	女	11	郊区	15%	1910
马萨诸塞州	坎特雷尔	非裔	女	11	城市	67%	320
马萨诸塞州	曼宁	白	女	17	城市	30%	2353
马萨诸塞州	布莱登	白	男	4	郊区	6%	922
马萨诸塞州	罗德里格斯	拉美	女	10	城市	74%	610
马萨诸塞州	佩雷斯	拉美	女	7	城市	55%	1645
马萨诸塞州	兰格里	白	女	14	郊区	7%	1951
马萨诸塞州	莉莉	白	女	4	城市	72%	406

阅读这本书之后，你将：

1．学习专业校长处理问题的方法策略，尤其是数据分析，提升策略和利益相关者的考量。

2．探索专业校长在风险控制和政策改革时考虑的因素。

3．评估核心价值在决策中起的作用。

4．了解核心价值对校长的指导作用，并形成自己的核心价值。

5．学会如何在改革中建立信任。

6．了解能够稳定变局的因素。

7．学习学校文化传统对决策的影响。

8．通过启发式决策方法提高决策水平。

9．意识到审视大局、扩大视野和听取他人意见对提高决策水平的助益。

10．学习如何科学地做出学生纪律处分的决定。

11．建立有效的教师能力评估方法。

12．学习解雇知名度很高的老师，解决学院内部矛盾，处理教学失误时所应当遵循的原则。

13．通过数据分析学习提高拉美裔和非裔学生学术的成功案例。

14．评估教学改革，降低学校门槛和创新项目对非裔和拉美裔学生的助益。

前言

作为一个新手校长，一开始我并没有意识到决策力对于我可能的成功是多么重要。我屈从于压力，在没有得到反馈的情况下就做出草率的决定。

我希望这本书可以给像我当年一样手足无措却渴望改变和成功的教育管理者提供一些参考，教给他们该如何在两难境地下做出正确决定。通过这些年的历练，我逐渐掌握了做决策时必须坚持和遵循的原则，虽然它们不能必然导向一个完美的结局。我也开始理解准确掌握一个学校的文化传统在改革的过程中是多么重要，然后按照核心问题通用的处理方式解决它。

霍马-迪克逊说过："我们要求领导必须解决大量的、相互关联的问题，如果解决不了，也必须控制住情势。因为这些问题都可能悄无声息、毫无预兆地发展成一所学校的重大危机。他们必须深入分析那些似乎根本无解的困局，他们会被淹没在无用而冗杂的信息里，而我们，还要强迫他们以更快的速度解决它们。"

如何拥有卓越的决策能力是校长面临的最大挑战。校长们需要考虑许多相互抵触的诉求，而他们每天要面临的挑战就是在有限的时间里做出最佳选择。在复杂的现实背景下，校长不得不利用有限的信息做出最艰难的决定。本书收纳了众多真实案例，也一字一句地记载了他们对于那些困境的描述。我们采访了众多专业的校长来总结他们在日常工作中做决策的方法，并从中归纳出最关键的因素，为日后的决策提供指导。校长们畅谈了他们在做出决策时优先考虑并努力保全的东西——学校的文化，他们必须面对来自各方的压力，还有他们做出决策时遵循的步骤。

这本书可以用于提高新上任校长的职业素养，或者作为培训课程的补充材料。同时，它也为那些希望有机会提高自己实践水平的校长提供了指导。就像书名所言，它深入解析了做一个成功的校长所需要具备的能力和可以遵照的方法。通过对各家之言的分析总结，我希望可以同时给面对重大决策的新校长和那些寻求进一步发展的老校长提供切实可行的方法。

这本书是新校长进行职业能力培训的绝佳教材，也可以给那些寻求进一步发展的老校长提供指导。这本书就像导师一样提供可靠的专业咨询，包括给校长们的小贴士和解决问题的方法。无论是城市还是乡村里的校长，都可以从这些典型的关于领导力的案例中得到参考。另外，还有针对特定类型问题的详细贴士，例如当学校里可能或确实存在武器威胁时该如何应对，在执行重大政策决策的时候需要考虑的因素，发生教学秩序紊乱的时候该怎么办，还有缩小学校之间差距的方法图标。读者会接触到在复杂多变的大环境下解决问题的方法框架，避免重大决策失误的建议。我当过双语中学和小学的校长，在城市和农村的学校中都工作过，我的经验都在这本书中。我相信如果校长们读过这本书，在现实工作中，当遇到类似情况的时候，他们就能更好地解决问题。

在第一部分中，我强调了校长们做决策时需要考虑的关键因素，包括发展、利益相关者和数据。而相关策略则包括审视大局，周全考虑可能的场景，筛除不必要的细节，必要的共同决策者，困局的前景和后景。

在第二部分中，我探索了校长们在做出决策时应用的几个典型方法，以及他们是如何利用本书第一部分中提到的策略来做出决策的。在这些章节中，校长们描述了各种类型的决策，比如如何对缺乏效率的老师做集约评价，解雇一个很受欢迎的老师，实行长期停职制度，修订作息时间表，解决网络欺凌，以及运用数据分析来提高非裔美国人和拉丁美洲学生的学术表现。校长们分享了他们在实践中不断总结形成的方法，比如复杂而艰难的决定可能造成的法律后果，学校的政策对决定的潜在影响，足以改变学校背景环境的决定，以及在信任缺失的情况下做出有影响力的决策的方法。

第一部分：专业校长做决定时应考虑的要素

1. 专业校长的关键问题解决步骤：专业校长会收集数据，分析场景，对比先例，明确制约因素，制订解决措施，直面冲突，评估长期影响，跟进后期工作，重视学生项目的质量，进行分工委托，并及时知会家长。

2. 领导力核心价值：校长根据学校的办学宗旨和法律法规进行决策，在决策中必须保持冷静，并投入充足的时间，同时要乐于做充满定义性的决定，保持决策的透明度，允许道德伦理主导决策。

3. 学校文化：校长应当花时间去了解自己学校的文化，并且在进行变革之前和师生建立相互信任的关系。

4. 审视全局，扩大观察范围，形象化决策：当面对两难的棘手决策时，校长们需要审视全局，扩大自己的观察视野，举一反三地思考问题，考虑决策对师生的影响，并且在做出决策之前一定要弄清这是一个复杂决策还是简单决策，以决定是否要让教职工参与决策。同时，校长们还可以咨询顾问的意见。

第二部分：做出艰难决策

5. 会影响学生的决策：校长们会质疑自己的决策是否能够将学生的利益最大化，并且慎重面对那些可能会影响到学生的决策，包括控制风险，根据学生的选择做出政策改变，做出出勤方面的政策改变来提高学生的责任感，以及做出长期停学和开除处分的时候需要考虑的因素。

6. 学院和教职工：校长们需要建立起充满信任和关怀的校园环境，并且花费大量时间寻找最优秀的合适员工。在这样的环境里，校长们努力做出最合适的关于预算和人事变动的决定，与他人合作进行教学评估，并且将没有终身职位的老师定为首要考核对象。

7. 实践，政策和规划：校长们要勇于揭示教师具有争议性的行为，杜绝成绩单造假和未经授权擅自使用学校建筑的行为。校长们同样需要修改作息时间表，权衡中央办公室对决策的影响。

8. 提高非裔和拉丁美洲学生学术表现的决策：在做出试图提高非裔和拉丁美洲学生学术表现的决策时，校长们首先需要消除那些阻碍他们进入高级课程修读的因素。即使学院和家长会提出反对意见，校长们也要按照核心价值行动，消除长时间的教育差异带来的隔阂。除此之外，校长们还需要雇用有相应文化背景的老师，提供全面的服务，并利用数据来解释深层次的问题，从而推动变革。

马萨诸塞州的兰格里校长富有表现力地描述了自己在面对复杂决策时的思考过程。她例证了有效决策所应当采取的策略。

在我从事管理工作的这些年里，我通常会在决策时考虑这两个方面：我们想要解决的是什么问题？我们手头上有哪些资源？在决策之前，我会考虑所有可行的选项以及未知的后果，保证自己站在不同的立场思考问题，倾听各方观点，并且明确在这个问题上有话语权的人选范围。

第一部分
专业校长做决定时应考虑的要素

第一章　权衡利弊

　　校长们可能会被日益增长的压力压得喘不过气来；紧迫的时间，有限的资源，互相抵触的命令，学生，学生家长，还有教职工的需求，一天之内就要做出数不清的重要决定。有时候校长们觉得自己是在没有充足的数据支撑、调查反馈、建议分析的情况下迫不得已做出一个又一个决定。一个错误的决定就可能让校长失去职工、检查员和家长的支持；而一系列错误的决定就可能意味着职业生涯的终结。教师和家长会对一个失败的决定耿耿于怀。当然这并不意味校长每走一步都如履薄冰，但小心谨慎是必需的。除非是在情急之下做出的决定，校长在做出决定之前都应该经过周全的考虑。在本章当中，我们将会了解专业的校长是如何描述他们在处理问题时必经的关键步骤，并探讨在做出决定后结局截然相反的两个案例。

案例分析 1：开始一切都很顺利——一个错误的决定对校长的损害

　　洛娜博士是这个学区里最适合担任考文垂牛津学院校长一职的人。她有着常春藤联盟顶尖学校的硕士学位和国内一流大学的教育学博士学位，她有着六年的学校管理经验和十年的一线教学经历。虽然这些经验都局限于高中阶段，但她也曾经是十二年制学校的主管。洛娜博士迫不及待地开始了她在考文垂牛津学院的工作。曾经对她不甚支持的前任校长也对她青睐有加。

开始工作几个月之后，教师们给洛娜博士举办了一个欢迎仪式。教师们纷纷对洛娜博士的到来表达了热烈的欢迎。洛娜的当务之急是了解并满足教师们的诉求。当洛娜博士知道一部分教师需要额外的助手，她主动排出一部分自己的时间和学生一起工作。当洛娜博士意识到沟通渠道缺乏，她又采取了一系列措施来促进沟通。除此之外，她还面向全体职工和家长建立了一个电子信息平台，定期推送信息，并及时进行数据更新。洛娜博士还和学院改革团队保持紧密的联系，并另行组织了一个包括教师代表在内的领导小组。

洛娜博士非常开明，对学生和家长提出的意见及时做出反馈，但是她不会被这些建议左右。在上任之前，她就曾经收到了家长的邮件，要求更换自己孩子的老师。洛娜博士认真听取了家长的意见，但是同时也公开表示她不会随意更换任课教师。她的一系列举措虽然没有感动学生，但是给了家长一个充分表达诉求的平台。洛娜博士在做出决定之前会进行充分的调查，实时跟进家长和老师的反馈意见。当她发现还有一笔22 000美元的设备更新预算没有投入使用时，她就向老师们寻求建议，该如何科学地使用这笔预算。洛娜博士也会时常出现在教室里，一视同仁地公平处理违纪违规事件。当她发现教学硬件设施的不足大大阻碍了日常教学质量时，她会和技术部的同仁一起研究如何购买性价比更高的翻新机，并且把空余的教室改成机房。她会定时处理信箱里的留言和消息。对于教职工的工作表现，作为校长，她也会很坦诚，毫不保留地告诉他们。除了考文垂牛津学院，洛娜博士已经难以想象自己还会去别的地方工作了。

然而洛娜博士在考文垂牛津工作的第二年，问题却一个个接踵而至。在询问领导小组和老师们对于现行进度计划表的意见之后，她做出了几个重大的变化。部分学生需要在早上十点四十吃午饭，而食堂里午餐队伍往往排得很长，因为在整天的作息时间表里没有任何的休息时间，教师们对于一天高强度的疲惫工作也是抱怨不断。但是洛娜博士还是一意孤行地坚持推行她的改革，她坚信着匀出来的七十五分钟全校课余活动时间会让学生们逐渐感受到新时间表的好处。

老师们没有在校长面前表现出自己的顾虑，但是却告诉了家长。洛娜博士和一部分员工建立了良好的沟通，却没有树立起足够的威望来平息这场风波。部分家长和老师代表与洛娜博士进行了长达三周的会谈，终于让她意识自己对时间表的改动是错误的。除了一些局部的微调，洛娜博士恢复使用了最初的时间表。

为了给可能的突发情况留出足够的应急经费，学校里开设的每门课都达到了人数上限。虽然州府调整了课容上限，但是学区还没有通知校长，所以每学年刚开始的时候，教室里总是挤满人。即使有新雇用的老师专门盯着防止出现拥挤、踩踏之类的安全事故，学生们在开学之后还是会选择换课。

洛娜博士一方面焦头烂额地处理着这些事情，另外一方面，她也因为地区负责人的年中改革计划头疼不已。半年前，校长们就被要求上交对于建立专业学习小组的意见，而现在，中央办公室要求考文垂牛津学院进行新的学区年中考核，老师的教学计划也必须张贴在教室之间的走廊上，让每一个过往的人都能看见。教师们在网站上隐晦地表达了自己的顾虑，然后向家长们激烈地抱怨着日益低落的士气。洛娜博士觉得自己有必要在中央办公室组织的调查里传达老师们的不满。不出意料，学校改革委员会和地区负责人表达了对洛娜博士的支持。她积极地向各方传达着这些意见，也把自己的计划知会了家长和学院。除此之外，她还在领导小组会议，教师和家长之间的联谊会，包括学院会议上交流讨论了这个问题。虽然洛娜博士努力想要渡过这个难关，但很显然除了抗议之外，她也应该做好第二手准备。她接受了另外一个行政职务，并把这个消息告诉了学院同僚。

整个春天洛娜博士都在想办法积极应对这个挑战。她努力工作，坚定地推行着她在学院会议上提出的新政策。洛娜博士是幸运的，她从考文垂牛津学院的混乱中全身而退，维护了自己的名誉，而她在州府教师能力统一测试中的分数也有了明显的提高。

思考问题

总结一下你已知的洛娜博士所做出的决定。除此之外，你还想知道什么？

1. 通过一系列举措，洛娜博士在考文垂牛津学院的第一年工作取得了巨大的成功。她主要采取了哪些策略？

2. 在进行像调整教学时间表这样对全校都有巨大影响的重要决定的时候，洛娜博士应该如何建立有效率的反馈机制？

3. 在学生要求换课的时候，校长应该如何决定？针对新教师的课程调整要怎样保证公平？

4. 洛娜博士的哪个错误决定对她在学院里的威信造成了损害？你觉得应该怎样才能让你的学院按照学区的改革计划前进？

想要了解洛娜博士本可以采取哪些更好的对策来处理第二年的事件，请翻至后文解决对策部分。

专业校长处理关键问题的步骤

不同的校长对于洛娜博士面临的问题有着不同的处理方案。布化尼克迈耶和斯皮兰对于专业和非专业校长的处理方式进行了区分。专业校长会制订明确且环环相扣的政策，而非专业的校长则会采取很多毫无关联的、零散的处理对策。当面临复杂而艰难的决定时，专业校长有他们自己的一套处理步骤。相比较而言，非专业的校长只能一遍遍重复那些无用的经验之谈，把教职工的需求置于学生之上，不断地空想假设，努力讨好家长，强调外部因素。专业的校长勇于直面冲突，而非专业的校长只会想办法逃避。通过案例分析，我们将处理关键问题的三个关键因素列在了表1.1中。虽然它们各不相同，但是互相之间有着微妙而自然的联系。

1. 数据：收集数据，分析场景，分析先例，弄清制约条件，制订计划。

2. 提高：直面冲突，考虑长远，考虑后续行动。

3. 利益相关者：重视学生项目的质量，选派代表，及时知会家长。

表1.1 专业校长处理问题步骤

数据	
收集数据	收集相关的，可能对决策有所裨益的信息
分析场景	多角度考虑可能的问题处理方式，抱着质疑的态度审视问题的前提和共识
分析先例	将问题和先前的经验联系起来

弄清和解除制约因素	找出克服障碍的方法
制订计划	有计划、有条理地做决定
提高	
直面矛盾	分析可以从矛盾冲突中得到的经验
长远考虑	列出这一决定可能造成的影响和后果
后续行动	将决策的影响置于可控范围之内
利益相关者	
学生项目质量	考虑这个决定是否有助于学生的成长
选派代表	让更多人参与决定，利用分布式领导方式，依靠集体不同成员处理不同事务
及时知会家长	重视和家长之间的沟通

出处：布洛克，詹姆斯（1995）；希，格拉泽&法尔（1998）参照布莱尼可米尔&斯皮兰（2008）；科普兰（2003）；司武德（1995）；司武德&施塔格（1989）。

在下一部分中，通过我管理学校的亲身经历，还有在和其他校长的交谈过程中获知的案例，我们将更加深入地分析这三个因素。

数据

收集数据指的是在寻找解决方案的过程中尽可能地收集更多的相关的、可能对决策有所裨益的信息。分析场景指的是多角度地考虑可能的问题处理方式，抱着质疑的态度审视问题的前提和共识。弄清和解除制约因素指的是将问题和先前的经验联系起来从而找出排除障碍的办法。另外，专业的校长在做决定的时候一定是有计划、有条理的。

埃德蒙：重视数据

埃德蒙小姐是一个似乎可以不费吹灰之力就能够让极其复杂的问题迎

刃而解的专业校长。她会花大量的时间考虑权衡所有可能的选择，收集数据，倾听教职工、学生和家长的意见。她在金士顿林格一个知名高中任职的第一年，就经历了作弊丑闻。 埃德蒙小姐在之前学校任职的时候，也处理过类似的事件，但是规模远不及这一次。决定处理方案之前，埃德蒙小姐花了大量的时间去和学生、老师、家长还有助理校长谈话。她对于在考试过程中用手机拍照作弊的行为进行了调查，与此同时还发现了另外一起作弊事件。在这两起事件中，至少有两名学生被学校监控设备拍摄下了使用通过不正当途径获得的万能密匙进入教学楼。他们偷拍了试卷，并且把照片发给了其他学生。随着调查的深入，埃德蒙发现一共有十一位学生牵涉其中。他们大部分都是高年级学生，所以在这个丑闻传播开来之后，外界纷纷向埃德蒙小姐索要违纪学生的名单。但是埃德蒙小姐决定不追究这些学生的刑事法律责任，而是将他们作弊科目成绩记零，并勒令休学。这个后果和学生纪律手册保持一致，而且埃德蒙觉得被收回的大学录取通知，同学的排斥疏远，还有他们表现出来的懊悔已经是足够严重的后果了。

在这个事件的处理方式中，我们可以发现埃德蒙小姐很重视与教职工的沟通，甚至还开了一个全院大会。她还给家长们写了一封信，并毫无遮掩地告诉媒体发生了什么。其实埃德蒙小姐的调查是有技巧的。首先，她收集了所有有助于她做决定的信息——作弊这个丑闻中所有利益相关者的意见和可能的影响，包括家长、学生、学院、行政机构还有外部机构，然后多角度地分析这个问题。她设身处地地站在家长的角度去对待那些学生，想象如果自己是家长，会希望身陷作弊丑闻之中的孩子受到怎样的处罚。她的处理方式很明显地体现出了她的关怀之心。她小心谨慎地权衡所有的选项，从学生犯罪指控，对学术前途的损伤，到教学楼安保工作的加强，家长的反应，媒体的影响，学校的声誉。埃德蒙校长直面这些冲突，并且有计划、有条理地找到了正确的解决方法，并将此事转化成了宝贵的管理经验。总而言之，埃德蒙校长很重视数据在决策中的作用。

提高

直面矛盾冲突很重要的一部分就是从矛盾冲突中学习。而考虑长远指的是列出这一决定可能造成的后果和影响。强调后续行动则意味着必须将决策的影响置于可控范围之内。

斯特德曼：重视提高

斯特德曼是莫兰特萨里高中的校长，并且有着七年的管理和培训教师的经验。在那段时间里，她负责招聘、监督甚至解雇那些不称职的老师。在斯特德曼到任之前，威灵顿老师已经在莫兰特萨里高中工作了两年，作为一位法语教师，她在语言的读写方面颇有造诣。初步调查显示，威灵顿老师课前都做了充足的准备，如设计一些语法小游戏等，而且讲课风趣幽默，学生们很享受她的课堂。

斯特德曼上任后，在课堂巡查的过程中发现了一些问题。为了加深对授课情况的监管，她要求威灵顿老师上交所有她教授的课程指南，一份详细的授课大纲，一份粗略的时间表，还有如何提高学生法语成绩的计划。但是在年中评估的时候，斯特德曼指出威灵顿老师没有提供任何一份上述要求的信息，并且在她的课堂上，当她介绍一个新的语法概念的时候，有一个男学生戴着耳机自得其乐。对此，斯特德曼要求威灵顿老师采取相应对策，防止类似事情再次发生。另外，威灵顿老师还违反要求，在法语课堂上使用英语来介绍语法概念，而且她还缺席了法语预科课程的研讨会。

威灵顿老师刚开始在莫兰特萨里高中授课的时候，工作表现很好，是一个很有责任心的法语老师。因为威灵顿老师的婚姻出现了裂痕，以至于她的工作表现就出现了下滑，对此，学生和家长也是多有抱怨。有家长找到了校长，质疑威灵顿老师没有足够的教学能力让学生通过大学预科课程的法语水平测试。学生们也说威灵顿老师在上课的时候老是抱怨自己的婚姻生活。很明显，威灵顿已经不再是一个合格的老师，而斯特德曼校长也不得不做出决定，是否解雇她。年中和年末的考核给出了一些建议。首先，威灵顿老师的考勤就是一个大问题。在这一学年刚开始的三个月里，她就缺勤了十天。在她不在的时候，教案都是缺失，或者不完整的。有一次甚至播放了一整节课的带法语字幕的英语视频，而且这个视频在此之前她就已经给学生播放过很多次了。虽然有母语是法语的代课老师，但是威灵顿根本没有联系她们来帮忙代课。

对威灵顿老师的观察持续了两年，最后斯特德曼校长做出了不再续聘她的决定。虽然斯特德曼花费了大量的时间观察，和威灵顿老师交流，记录评估，但是为了学生能够得到高质量的教育，这一切都是值得的。斯特德曼校长丝毫没有回避一个不称职的老师可能带来的问题，一步一步采取措施去衡量估计解雇她可能造成的影响，并且及时更新书面反馈。她的行为体现了对于提高教学质量的重视。

利益相关者

重视学生项目的质量包括考虑这个决定是否有利于学生的成长，选派代表指的是能够让更多人参与决策，利用分布式领导方式，依靠集体不同成员处理不同事务。而及时知会家长则指的是重视和家长之间的沟通。

李校长：重视利益相关者

李校长任职于曼彻斯特奇高中，如何提高九年级预备班在结业考试中的表现是她平时工作的重要部分。曼彻斯特奇的九年级预备班一共有350个学生，有17个学生没有通过结业考试，其中八个是英语学习者，九个是非裔美国人，只有一个人是白人。李校长看了下成绩单，然后意识到只有一半学生有资格选修阅读课程，并且大部分人八年级的成绩在39%~44%之间。她和英语教研组的负责人奥格登老师讨论了这个问题，认为有必要开设专门针对非英语母语学生的课程，来帮助他们跟上九年级英语学习的进度，同时九年级的阅读课程录取在八年级期末考试中获得一等和二等成绩的学生，避免种族可预见性，即大部分在结业考试中挂科的学生都是非裔美国人和来自拉丁美洲的学生（通过考试的非英语母语学生只有三个亚洲人）。李校长和英语教研组的负责人奥格登老师讨论了英语教研组，第二语言教研组，阅读老师和学校的管理人员应该怎样群策群力，帮助在八年级期末考试中取得一等或二等成绩的非英语母语的学生和非裔美国学生在九年级的结业考试中获得成功。

第二语言教研组负责人的空缺后来被加维博士补上。在他来之前，第二语言教研组基本上无法正常运转，是加维博士让它走上了正常轨道。他建立起了和其他教研团队的联系，制订了一系列政策，和教师们合作来服务于那些非英语母语的学生。加维博士深入了解了学生们正在上的课程。授课时，他深入浅出，通过生动形象的展示来解释晦涩的概念定义，帮助学生理解。他编制了词汇表，强调英语应用时的细微区别，并且认真准备学习指南。加维博士还允许学生在午餐时段和放学之后随意找他请教问题，并且热心帮助学生融入校外社团和一些当地组织。李校长和奥格登老师觉得还应该另外采取措施加强九年级预备生的阅读水平，但是中学生往往很讨厌在课程表或者成绩单中增加阅读课程。李校长咨询了其他学校的助理主管、阅读老师和校长的意见，试图给这门课程起一个新的名字。经过一系列的会议讨论研究，她把这门课命名为结业考试准备课程。

咨询了中学的态度之后，李校长在暑假期间给所有在八年级阅读考试中失败了的学生发了一封邮件，通知他们下学期需要额外参加结业考试准备课程。李校长和教研组的负责人坚持不允许任何学生退课。阅读老师帮忙修改了这封邮件，同时亲自跟进家访事宜。邮件中写道，课程会根据学术阅读清单的能力要求，为学生选择最适合他们的课程难度。这门课的课程目标是提高学生的阅读水平，锻炼文本阅读能力，选择与学生个人能力相适应而受益最大的练习。在第一学期结束的时候，达到要求的学生就可以退课。在和家长的交流中，学校则强调了学生能力的提高并且成功通过结业考试。李校长的这一决定极大地提高了本居于末流的学生的成绩，她和老师们亲密合作，并且在改革的过程中和家长保持密切联系，及时告知他们最新进展。总而言之，李校长对利益相关者的态度给予了足够的重视。

案例分析 2：有效地定位错误

斯特德曼是莫兰特萨里高中的校长。这是一所大学预科学校，而她日常工作的一部分就是在新学年开始之前阅读那些最终成绩是D或者F的学生的调查报告。今年，她决定观察得更仔细一些。除了记录这档学生占总数的比例和留意那些常常上榜的学生的名字之外，她决定看一下那些有两门以上挂科的学生的总体成绩单。阅读之后，她发现了一件令人惊讶的事情——这些成绩单有很多错误。学生们没有取得他们毕业课程本应该得到的成绩。罗伯托是一个来自拉丁美洲的男学生，是中学五年级生，却已经连着上了四年线代课了。另一个来自拉丁美洲的男生，胡安约瑟，六年级学生，在世界历史的九年级课程中拿到了A等，却又重复上了这门课的十年级课程，然后拿到了D等，随后竟然还第三次上了这门课，并且拿了一个C。比阿特里斯，一个来自拉丁美洲的女生，上了初级课程之后拿了F，之后居然被高等英语课程录取。而非裔美国男学生马文是中学三年级学生，已经上到了第九级课程，却从来没上过任何数学课。虽然数学课是四年制的必修课程，在马文的整个二年级生活中，他没有上过任何数学课。而与此同时，他却在没有上第十级课程公民学和经济学的前提下上了第十一级课程美国历史，还在没有通过初级英语三的情况下上了初级英语四。

这一系列发现引起了斯特德曼的重视，她仔细地分析着自己的发现，并且计划把这些信息告诉辅导员。一开始她找了两个有课程成绩错误的学生辅导员，并且和学生指导部门的负责人开了个会。他们也被这样的错误吓到了。在和其他辅导员一起开会的时候，斯特德曼说她相信辅导员团队是在高效运转的，并且大家都很努力地为了更好地服务学生而勤奋工作。但是她担心辅导员们过多地关照那些有望被常青藤联盟或者其他顶尖院校录取的高才生，而忽视了其他学生。来自家长的成堆的邮件，开不完的会，一个接一个的电话，家长们还一个劲儿地催着辅导员多关注自家孩子的课业情况，辅导员几乎不可能在那些来自富裕家庭的孩子的成绩单上犯什么错。因此，斯特德曼校长希望辅导员们可以多花一些时间在那些来自弱势群体的孩子的身上。

在明确指出错漏之前，斯特德曼表示，应辅导员们的要求，整个团队的架构将会进行重组，包括修改每个辅导员负责的年级，以及按照字母表的顺序打乱每个辅导员负责的学生。另外，在第二语言教研组，即负责来自非英语母语国家学生的教研组也会有比较大的人员调动。避免课程安排和成绩单上的错误再次出现，而在随后的会议上，斯特德曼校长列出了她发现的错误，制订了修正错误计划表，以及应该如何保证这些错误不再发生。

思考问题

总结你从上文学到的东西。除此之外，你还想知道什么呢？

1. 斯特德曼列出了她和辅导员一对一交流的过程，以及她和教研组负责人，整个辅导员团队是如何沟通的。如果是你，你会怎么向辅导员团队指出他们的错误？

2. 你会怎么处理辅导员根本没有足够时间仔细审查每一个学生的每一份成绩单的困境？

3. 你觉得辅导员们是否应该为自己犯下的错误负责？试简述原因。

4. 既然大部分的成绩单错误都是发生在英语语言学习者和其他弱势学生的身上，那么你会建立一个怎样的体系来保证这种错误不会再次发生？

5. 一开始你会怎样和学生以及家长交流？

想要知道斯特德曼校长是怎样处理这个情况的，请翻至后文解决对策部分。

总结

如果洛娜博士及时注意到了问题爆发前的预警，事情可能不会那么糟糕。她错过了在第一年的成功的基础上再上一层楼的机会，并且花了整整一年重建她的学校团队和拯救自己的职业生涯。虽然洛娜博士收集了足够的数据，试图去分析那些场景并且直面冲突，但她缺乏处理类似问题的经验。她所做出的很多决定对她而言都是崭新的，是在摸着石头过河。她只能试图用理智去分析那些制约因素，而因此得出的对于结果或者说影响的结论必然是错误的。她没有充分利用学区的资源和取得支持，本来靠这两者足以使困难迎刃而解。她强调学生项目的质量，但是她的分析和解决措施到处都是错误。洛娜博士本可以避开这些缺陷的，只要她多学习一些前辈校长的经验，并且心中有着如何做出有效决策的清晰框架。

而相比较之下，斯特德曼校长则运用了一个专业校长所应该遵循的处理问题的流程。她的流程中最重要的部分就是要尽力保障弱势学生的利益。她收集相关信息，然后在分析情况之后决定和部分犯下错误的辅导员先行接触。同时她意识到，一味惩罚的效果不仅没有意义，还会和她的本意背道而驰。毕竟最重要的是找到错误，制订如何提高的计划，然后保证计划的实施。斯特德曼强调项目的质量，不逃避问题，并和其他辅导员一起找到一个有逻辑、有计划的处理问题的方法。

  在接卜来的章节中，我们将会介绍二十一位专业校长是如何在面对复杂困难的问题时一步步解决它们的。另外，我们还会了解到校长们做决策时所必需的核心价值，学校文化，决定对学生和学院的可能影响，做决定时的视野，以及其他可能对决策造成影响的因素。

第二章　坚持核心价值

当我面临选择的时候，只要这个决定可能牵涉到我的核心价值，哪怕它意味着我要深陷政治旋涡，我也绝不逃避。

——曾格校长，马萨诸塞州

本章是第一次涉及影响校长决策的关键因素：他们个人的核心价值，学校文化，以及这个决定可能对学院和教职工的影响。在介绍接受采访的校长的观点之前，我将分享一些我自己的个人经历来进一步解释核心价值的意思。记住，这个世界上没有绝对的对于核心价值的定义，校长们需要找到属于自己的，独一无二的核心价值，只有依靠它，才可能成为一个真正有影响力的校长，而在做决定的时候，也可以以它为标准，衡量利弊。核心价值是校长心目中最基本的信仰和指导原则。在我这么多年的校长职业生涯中，下述五点是我做决定的时候必定会考虑的，也是我的核心价值中最重要的组成部分。

领导力的核心价值

1. 维持良好关系：考虑这个决定会对你周边的谁有影响？又会受到怎

样的影响？

2. 不要吝啬时间，仔细思考所有的可能性。不要匆忙鲁莽地采取措施，除非事态非常紧急。

3. 对待老师像对待自己的学生一样宽容。

4. 始终将学生的利益放在心中。

5. 公平公正，耐心怜悯。

维持良好关系

学校领导的日常工作有很重要的一部分，就是让老师们觉得自己受到足够的尊重和照顾。做决定的时候，我觉得能及时意识到这个决定可能让老师觉得不舒服是很重要的，并且要想办法和老师维持良好的关系。虽然我是校长，是领导这个学校的人，但是做决定的时候，人，永远都是首先要考虑的因素。

不吝时间，仔细思考

作为一个新的学校领导者，你很容易就会弄错问题的本质。我总是会很仔细地考虑所有的选择和可能，避免原本很小的问题像滚雪球一样逐渐发展成一个会动摇根本的大问题。每一个决定都值得深思。你可能会遇到各种各样的问题，包括学校政策、活动项目、学生的发展、老师的表现，还有规章制度。为了帮助自己更好地做决定，我时常会假设自己正在参与一档校长真人秀的节目，我的一举一动都在被关注。这种假设会让我放慢脚步，变得更加小心谨慎。除非事态十分紧急，千万不要吝啬用于思考的时间，仔细考虑你的所有选择，以谨慎的态度对待你的选择。有时候老师对于错误的决定是毫无包容可言的。一个错误的决定就可以让你失去尊重和支持。

对待老师像对待学生一样宽容

作为学校领导，你的教职工就是你的学生。你可能只信任其中一部分人，但是哪怕你不信任他，也要给予足够的尊重。于我而言，尽管总有那么一小撮人想尽办法试图质疑我的权威，如果通过教师考核系统或者在任务分配上动手脚来报复那些对我不怀好意的老师，那么事实总被证明，怀恨在心只会适得其反。最好的办法还是对他们的行为怀着宽容之心然后再接再厉。我相信校长们最重视的就是清除无能的老师，并支持有才能的老师。固执己见而口无遮拦，却又和我们意见相左的老师从来就不是什么威胁，不能因此就否定了他们作为老师的才能。

始终将学生的利益放在心中

每一个决定背后的驱动力都是它可能对学生会造成的影响：对于学生而言，这个决定是有益的还是有害的？有一次规划年末出游的时候，有一个非常坦诚，受人尊敬，并且有终身职位的老师在原定出行的那天有其他事情要处理，无法参加。因此，我们要不就重新定年末出游的时间，要不就让学生在旅游回来之后再进行期末考试。我做出了一个错误的决定：根据这位老师的空档时间，我安排学生在回来之后再考试。对于学生来说，经历了长途旅行之后再考试不是最好的解决办法，在一学期的学习之后马上进行考试才是上策，而我却做了最错误的决定。虽然我们应当尽可能地满足老师的要求，但是这不应该以牺牲学生的利益为代价。在随后几年里，我在做决定时一定是首先考虑学生的需求，然后才是老师的。学生的需求，才是校长在做决定时最应该优先考虑的。

公平公正，耐心怜悯

在制订规章制度时，校长必须要明白一条清晰的分界线，既要明白严格坚持执行规章制度可能造成的后果，也不能让学生和家长的态度过多地影响决策。在我做助理校长的第三年，我碰到了一个非常棘手的问题：一群九年级学生在巴士上对另一个同级的学生进行了骚扰。他们认为他是同性恋，所以就对他做了侮辱性的手势，并且攻击了他。这些男孩子都是我的邻居，其中一对兄弟还是我儿子的好朋友。在处理这件事的时候，我一直在思考，如果我的儿子就是那个受害者，我会希望那群男生受到怎么样的处罚。最后，我按照校规处理了这几个男孩，但是整个过程都很小心谨慎。我希望那些学生和他们的家庭可以知道，除了这件事本身之外，他们不会再受到更多的怀疑和惩罚。但是我没有在处理结果上有任何宽容。同时，我也尽力帮助那个受害的小男孩，并且跟进他的情况，保证他不会受到更多的伤害。

我一直坚信，必须公正公平地严格执行学校的规章制度。我经常反复阅读学生手册，保证施害人受到的处罚符合学校和地区的政策。为了保证和那些学生手册上没有相应详细规定的违规行为的处罚可以保持一致，我专门有一个本子来记录那些特殊的案例。当有另一个学生也犯了类似的错误，我就会在那个本子里查找之前的处理措施，然后给予相应的惩罚。虽然有时候我们不得不采取比较严苛的手段去抑制学生违规行为，在制订规章的时候，我始终怀着怜悯之心，既不会把他们的错误挂在嘴边，也不会单以这些错误来衡量一个学生。

思考问题

思考核心价值。写下下述问题的答案：在你做决定的时候，最重要的三个或四个核心价值是什么。

核心价值如何影响决策

核心价值的内容不是最重要的，最重要的是它对于校长行为的影响。我在马里兰州、马萨诸塞州和北卡罗来纳州采访到的校长分别描述了核心价值对他们自己的影响，以及他们对于一些常见共同问题的回应。我问了这些校长，在他们做决策的时候哪些因素比较重要，以及他们工作中有没有一些特定的指导原则。在我的采访当中，指导原则和核心价值这两个词会频繁出现。

根据校长们所述，他们的核心价值对于以下几类事有所影响：

是否乐意去做极有争议性的决定。

允许道德伦理主导决策。

将决策和办学宗旨挂钩。

将法律作为决策基础。

在决策时保持冷静稳重。

在决策时保证学生利益最大化。

保证决策透明度。

掌握学校里发生的每件事。

在决策上花足够的时间。

迪弗雷纳和麦肯齐认为道德领袖们倾向于将行为和信仰联系在一起，而那些信仰则来源于核心价值。在有些案例中，校长的核心价值和上述所列相符，但是最重要的还是这些核心价值该如何影响决策。与其抛开核心价值谈决策，专业的校长们更倾向于先建立职业核心价值，然后依托于这些核心价值理智地进行决策。

是否乐意去做极有争议性的决定

曾格校长说，核心价值对她而言就是每个人都可以享受平等的良好教育，但是平等不意味着相同。曾格校长还补充说，如果她需要做的决定不涉及核心价值，她会用比较圆滑的处理方式解决它。反之，如果这个决定涉及核心价值，哪怕会有人不同意她的决定，她也会坚持富有争议性的处理方式。除此之外，曾格校长会优先处理那些涉及阶级、种族和成绩的事情。她不满于只对贫困生予以经济扶助的学校政策，决心改变这个情况。经济扶助应该向所有学生提供，只有这样，那些贫困生才不会被孤立。那些致力于保护少数群体和贫困生的利益的政策很有可能会充满争议。是校长心中的核心价值驱使他们迎难而上，衡量这个决策是否值得校长忍受学院、学生甚至家长的质疑。而不涉及核心价值的决定则很有可能被授权给管理团队中其他有能力的人去处理。

马里兰州的拜伦校长则说："我做的每个决定，都包含在80/20 定律之中，即百分之二十的决定至关重要且影响重大，而另外百分之八十的决定则无关紧要。所以我必须分清哪些决定属于那百分之二十。"而和学生建立相互信任的关系就是拜伦校长的核心价值之一。根据核心价值的指导，拜伦校长做出一个又一个关于职业发展的决策。他就职于一个只有

350名学生，规模较小的学校；他筹集资金，将所有的教职工送到得克萨斯州去参加关于如何吸引学生注意力的教学技巧的培训。为了提高老师的教学水平，他认为这样的投资是完全必要的。虽然让老师去得克萨斯参加培训这件事可能没有人会反对，但是资金的来源却会引发争议。拜伦校长必须将这笔巨大的开支以职业能力培训的由头合理化，并且向学校理事会解释为什么这样的开销是合法的。校长对于经费的支配是最容易引起争议的。但是曾格校长和拜伦校长都觉得，如果这个决定涉及核心价值，就不能逃避它。而与之相对，如果一个决定和核心价值无关，那么校长很有可能会授权其他人去处理。

允许道德伦理主导决策

校长有时候会很乐意依从道德伦理做出决定。北卡罗来纳州的亚当校长就认为道德伦理标准指导着他的决定，他说："你需要将决策中利益相关者的权益最大化，但同时也必须保证他们不会让你做出不道德的选择。在很多时候，最好的选择并不是最多人支持的那个。"亚当校长曾经就职于一所有1100名学生的学校，他的每一个决定都应力争将这些孩子的权益最大化。他相信，想要做出正确的决定，就不能满足于贪图方便的权宜之计，抑或是他人的支持和忠心。用道德来约束决策可能不是一个很受欢迎的方法，但是在取悦有权势的家长或者明星运动员学生之前，校长必须保证这个选择没有违背道德。学生的家长、年级或者家族威望都不应该左右校长的立场，每个学生都有权利享有最好的结果。如果一个选择有违道德，不管情况有多么棘手，另外的选择会引发怎样的争议且需要额外花费多少时间，亚当校长都会选择符合伦理道德的那条路。

　　我曾经负责管理一个位于郊区，经费比较充足的学区。那时候我们学区有一个很有名的篮球明星运动员学生，而我需要处理他的停学问题。他卷入了两个学生在咖啡馆的打斗，我按照他的行为决定对他处以停学三天的处罚。但是这件事发生的时候恰恰有一场很重要的篮球比赛。如果他那个时候被停学，虽然只有三天，他也不能再参加那个比赛了。在我看来，如果因为那一场比赛就随意改变停学的时间，或者提前结束停学处罚，实在是有违道德。在这件事上，道德影响了我对学生处罚的决定，毕竟公平公正是我的核心价值之一。

　　校长的决定应该是核心价值中很重要的组成部分。北卡罗来纳州的梅杰校长曾说，她努力做到公平，一视同仁，思想开明，并且周全考虑决策中的每一种可能性。梅杰将她自己视为魔鬼的拥护者，并且站在对立立场上思考问题。她说："决策的种类不同，指导原则也不同。但是道德、公平和一视同仁是我始终坚持的。"马里兰州的校长杰弗里则将决策的道德和合法性及人们对于决策的接受度联系起来。"我仔细观察自己所处的情况。如果这个决策符合法律，符合道德伦理，那么我该如何表述它才能使得人们按照我所预想的那样接受它呢？"杰弗里校长做决策过程强调保持平衡，即反复思考道德上的过失性，坚持信仰，然后决定适用原则。

将决策和办学宗旨挂钩

　　尽力掌握学校的核心价值。

——佩雷斯校长

　　同时，校长的决策也会受到办学宗旨的影响。马里兰州的杰弗里校长就认为办学宗旨和学校立场是她在做决策时一定会考虑的因素。她也会询问其他教职工，自己做的决策是否和学校的办学宗旨所指引的方向一致。罗林斯校长则说："办学宗旨和学校立场是我们最应该讨论的议题。我们需要弄清楚这一年我们想要达到的目标，并且保证自己所做的一切都有助于这个目标的实现。"罗林斯要求自己的员工将学生放在第一位，虽然他也承认不是在所有时候都能如此，但是至少这样的要求不会让决策走向歧路。校长的核心价值应该和学校的核心价值保持一致，而每一个决策都应该反映这两者。

马萨诸塞州的莉莉校长在做决定时，会考虑这个决定对于学院建设和学校的办学宗旨有无裨益。而佩雷斯校长则说过："掌握学校的核心价值，并且确保我的每一个决策都在能力范围内将学生的利益最大化。"佩雷斯校长强调将决策和学校的核心价值联系起来。在大部分的案例中，校长都会根据学校的办学宗旨和教学任务来做决策，罗德里格斯校长就曾说过："学校的核心价值和我个人的处世哲学截然不同，在我工作的时候，我会时刻提醒自己这两者是不一样的。"罗德里格斯校长曾经花了两年的时间将自己学区内一所因经营不善而濒临倒闭的学校从生死线上拉了回来。那时候有很多老师不支持她的做法，甚至认为其忽视学生的权益。这个学校一直以来的运营理念和罗德里格斯校长的行为准则背道而驰，但是在这个案例中，学校领导是刻意背离原有的办学宗旨，以期改变学校的颓态。

将法律作为决策基础

我做决策时的第一件事就是确定它是合法的，不会就此葬送我的校长生涯，更不会害我坐牢。

——杰弗里校长

　　除了乐意去做极具争议性的决定，按照道德伦理决策，将决策和办学宗旨挂钩之外，核心价值还会影响校长们对于政策法律的态度，尤其是对不道德甚至非法选择的态度。正如马托克斯所言，教育领导的首要前提是法律和规章。校长们做的每一个决策都必须严格遵守法律政策。2013年的时候，亚特兰大州的35个校长和老师被指出向学生非法提供考试答案，修改学生在学区统一能力考试中的答案，甚至还控制了试图举报的人。与其钻法律的漏洞或者无视学区的政策，校长们不如珍视法律政策，并且将其视为决策过程中必不可少的一部分。

　　新到学校任职的时候，我意识到学校迟到和缺勤现象特别普遍，所以我不得不针对此制订更加严格的规章。我的地区监察员建议我根据地方教育委员会的政策来制订相关规章，并且征求学校发展委员会的意见。我查找了所有现行的地方教育委员会关于缺勤和迟到的政策，并且向学校发展委员会递交了我的提案。经审查，新规章符合法律和地方教育委员会的政策，便得以实施。

　　杰弗里校长说："我做决策时的第一件事就是确定它是合法的，不会就此葬送我的校长生涯，更不会害我坐牢。除此之外，我还会想是什么引发了这个问题，它的影响是什么。如果我处理了这件事，我应该怎样确保它不会再次发生。"法律是杰弗里校长做决策时的重要考核。有些决策可以很直接地解决问题，但是如果它有可能与法律相抵触，那么就应该考虑其他的处理方法。

里昂校长说："政策应当被视为法律，不可违背。我们需要遵守政策法规。如果决策符合指导守则，那么我们就在此之中寻求学生利益的最大化。这就是校长这个职业存在的意义。"里昂校长在决策之前会详细调查相关的法律和地方教育委员会出台的政策，以保证她的决策符合这两者的要求。她也会考量政策对于学生的影响。梅杰校长则强调通过调查收集信息以及遵守规章程序的重要性。校长对于政策要有一定的了解，而校长下一步的行动，对于结果的估计，和优先考虑的利益都应该和政策法规相一致。及时了解地方教育委员会出台的相关政策可以帮助校长确定自己的权限，避免做出违规逾权的决策。

在决策时保持冷静稳重

我从不会让我的员工们看见我情绪化的一面。

——亚当校长

在核心价值影响决策的过程中，在极度兴奋的情况下能否保持冷静稳重并且将学生的利益放在第一位也是很重要的一部分。北卡罗来纳州的亚当校长就认为在高度情绪化的情况下保持客观理智是决策过程中很重要的一部分。为了避免情绪化可能造成的负面影响，他有自己的一套方法来恢复理智。亚当说："我从不会让我的员工们看见我情绪化的一面。当我觉得沮丧的时候，我就会找我的秘书并且告诉他我想要找负责修剪草坪的吉列先生谈一谈。当然事实上不存在吉列先生这个人，但是当我这么说的时候，我的秘书就会知道我需要一些时间一个人静一静。"校长们最忙的时候，连去洗手间，吃午饭，或者中途休息一下都是奢望。在决策之前从令人兴奋的环境中剥离开来，保持冷静并以足够的理智做出判断是一件非常奢侈的事情，但确实可以很好地避免犯错。

在决策时保持学生利益最大化

放在第一位的永远是学生的利益。

——佩雷斯校长

核心价值决定了在做决策时校长们会优先考虑什么。在接受采访的二十一位校长中，有十四位都将学生的利益放在决策时的第一顺位。马萨诸塞州的史塔尼斯校长说："于我而言，怎样做才是对学生最好的呢？我想对于校长而言，这是一个贯穿职业生涯且无法逃避的根本问题。"而布莱登校长则认为自己是一个更重视实用性的人，他强调怎样让大多数的学生获得最大化的利益，并且对于过去人们处理事务的方法不甚重视。最近，布莱登校长正在处理关于没有终身职位的老师的去留问题。在决策的时候，他设想如果自己的女儿在这个班级的话，他作为一个家长会希望有怎样的处理结果。这个选择题本身不难，但是找到合适的方法宣布却很难。能力不足的老师没有资格继续教导学生，尤其是在校方已经提供了很多教师职业技巧培训而他们却没有任何提高的情况之下。

校长应当就每一个决策对学生的影响有着清晰的估计。佩雷斯校长强调："放在第一位的永远是学生的利益，随后是如何帮助老师提高教学技巧和课堂质量，最后才应该考虑怎样有利于管理者为老师和学生提供帮助。"佩雷斯校长努力确保自己的决策不会对老师的教学时间造成影响。当学生被放在第一位之后，决策的选择范围就会大大缩小。

保证决策透明度

　　我希望可以直接，诚实一点。即使他们不同意我的观点，但至少他们会知道我为什么这么做。

——万斯校长

　　校长的核心价值决定了他们是否强调决策的透明度。马萨诸塞州的莉莉校长提到了她在一所位于城市中央的学校任职时处理过的持枪械入校园事件。"年初的时候，有人带了一把枪进入学校，我试图召集所有的教职工，大家一起处理这件事。我的习惯就是保证决策的透明度和民主性。"莉莉校长在决策的时候非常重视集思广益，虚心听取他人的意见。她认为学院里的每一个人可能都想尽快知道这件事的处理方式，所以她就把他们集合到一起开了一个全员大会，然后将有关的消息都告诉了老师，并且给他们提供了一个表达各自顾虑担忧的平台。

　　万斯校长在实践中也很看重透明度，他说："我更倾向于做一个有话直说的人，而不是吞吞吐吐转着弯子表达自己的意见，这就是我做出这些决策的原因。我会努力去解释我的决定和我这么做的原因。我希望可以直接，诚实一点。即使他们不同意我的观点，但至少他们会知道我为什么这么做。"每一个校长都应该就核心价值对决策的影响方式有清晰的认知。决策的透明度可以提高教师和家长的热情和参与度，而相反，透明度的缺失则会引发人们对决策内容过于单薄、不具有代表性的批评。校长需要在透明度和保密性之间保持平衡。在有些决策中，尤其是涉及学生的个人隐私的，就不应该公之于众。

校长们同时也表示，希望自己的职工可以一样坦诚。这个意义上的透明度是无法靠校长一人之力做到的，只能随着时间的流逝一点点建立起老师对校长的信任。马萨诸塞州的史塔尼斯校长就曾说过，他不想做学校里最聪明的那个人。他依赖于事实和他人的建议来决策。他希望可以获得尽可能多的消息，希望自己的职工可以毫无保留，直言不讳，哪怕那些话很难入耳。在他办公室的墙上贴着甘地的一句话，而这句话也很好地总结了他的核心价值："即使你是一群人中的少数派，真理依然是真理。"校长们期待能实现决策的透明度，也可以努力提高透明度，但是却不能要求老师们在所有情况下都对自己毫无隐瞒。老师们的坦诚可以帮助校长更好地决策。

掌握学校里发生的每件事

另外一个影响决策的核心价值是校长们需要对于学校里发生的每一件事情负责，无论是好事还是坏事。因此，学生和老师的成功就是校长的成功，如果他们失败了，那么校长同样需要承担责任。他们都是学校这个大家庭的一分子，这种共荣辱同进退更多地体现的是校长对于这个大家庭的支持。罗林斯校长曾说过，当他谈起学生和老师的时候，也是在分析自己。当学生在高难度的测试里失利了，他就会想自己应该做些什么来帮助老师们更好地提高学生的能力，或者采取更恰当的方式和家长沟通。他还举例子说道："其实这件事很简单，就像老师们忘记截止日期一样简单。我做了些什么才导致这件事发生？我有没有提供足够的信息？"罗林斯校长也提到了一些极端的案例。在有些情况下他对于结果根本无能为力，但是至少应该早一些干涉。校长们应该充分把握学校里发生的每一件事，尤其是那些可能出问题的事情。做决策的时候，这种掌控力至关重要。

在决策上花足够的时间

基本上每一个校长都认为在决策上应当花足够的时间，深思熟虑。只有这样才能在繁多的待办事项中找出最紧急的那一个，然后再从繁多的选项中找出最合适、最完美的那一个。有时候你不需要大量的时间来处理问题，但是将这个问题排上日程却需要时间。

学生的违纪问题或者其他问题可能并不会留给校长太多的思考时间，你必须在很短的时间内就做出决定。但在其他时候，时间就不会那么紧张。这取决于当时的情况和问题的性质。马里兰州的罗林斯校长曾说："在预算季的时候，我有整整一个月的时间去思考、去计算那些数字。但是在收到家长的抱怨信之后，我必须在两个小时之内予以答复。"理想情况下，每个决策都应该有二十四或者四十八小时的思考时间，考虑它的后果，可能的影响，然后从利益相关人那里得到反馈。北卡罗来纳州的里昂校长在决策之前都会做调查，除非是紧急事态。那么，她一般会花多少时间做一个决定呢？"看情况吧。有些决定你马上就可以做了，但是学生违规违纪的问题我从来不会当场决定。因为我希望学生可以有时间去反省自己的错误，除非事态真的很紧急，比如9·11袭击，那我肯定会马上决定的。"如果校长没有经过充分考虑就做了决定，那么很有可能就会犯错。为了避免这种粗心大意导致的错误，每个决定可能造成的影响都应该被仔细分析。兰格里校长说："不要吝啬花在做决定上的时间。反应可能只需要一秒，但是错误也会随之而来。我们需要确保自己的选择有充足的理由，并且会实现最好的效果。"另外，兰格里校长还说，大部分人希望在五分钟内得到答案，并且因为有着丰富的从业经验，她可以很快地决定学校保持运行的日常事务。但是对于牵涉到具体个人的决定，她会花上好几天的时间去思考。罗林斯校长也赞同这个观点，并补充道："当我有足够的时间按照我的信念去梳理那些选择，我总是能做出最好的选择。"

总结

校长们在职业生涯中不断历练，不断进步，虽然道德可能不会随之变化，他们的核心价值却会随之发展。核心价值可能来自于实践经验，个人倾向，或者对某种处理方式的偏爱。这一章主要分析了核心价值是如何影响决策的。校长们有各自不同的核心价值，而这些核心价值都和决策紧密相连。核心价值影响着校长是否愿意采取充满争议性的决策。曾格校长就认为她的决策大致分为两类，但是有时候她不得不在不知道这个决策属于哪类的情况下给出一个答案。那么这时候核心价值是否会产生影响呢？对于涉及核心价值的事情，她会坚持那些不太受欢迎的选择；而对于与核心价值无关的事情，她会选择政治上正确的选择。同时，校长们也表示，在他们面临不道德甚至非法的选择的时候，核心价值也会起到至关重要的导向作用。而决策的透明度也同样重要，校长们应当虚心听取意见，公开决策过程。核心价值同样左右时间分配以及优先事项。

第三章　变革前考虑文化背景

关于这个地方，有太多历史。虽然我们一起走过了一年，但历史才是它前进的动力。

——亨利校长，北卡罗来纳州

作为校长，想要做出正确的决定，就必须了解你所处之地的历史环境。对于像亨利一样的大型学校的校长，学校的文化背景是决策中必不可少的一部分。了解学校文化包括对于细节的观察以及准确掌握其运行的组织方式。康诺利、詹姆斯和比尔斯在2011年的时候就提出了倡议，要求校长"理解学校组织文化的不同方面，包括外部环境、内涵诠释、组织部门、相互竞争的次文化及其形成过程"。这些观点都表明了文化是除了人之外的重要决策前提；是对于学校标志、师生共同信念的深刻表达；是和学校各组成部分紧密联系在一起的；是各种相互竞争的次文化的结合体。

校长必须对学校的信息、历史和人口统计数据有着深刻的印象。除此之外，你别无选择。这一章将主要讨论准确掌控学校文化对于正确决策和有效变革的助益。

首先，考虑文化背景：一个警世故事

几年前，当我还在马萨诸塞州一所位于城市中心的学校当校长的时候，我碰到了一个棘手的问题：我的学生在马萨诸塞州的综合能力测试中表现中下。这是一个全州范围内的统一标准测试，目的是测试学生们对于马萨诸塞州的了解程度。为了找到提高学生成绩的办法，我让老师和学校管理人员也去参加了这个测试。说实话，我有一些飘飘然。因为有几个我很信任的老师告诉了我想要听到的答案，并且表示这么做完全是值得的。但是没过多久，我意识到学校里的大部分老师都很抵触这个计划。有一位教师代表，比弗老师，找到了我并向我表达了她的顾虑。她明确表示了反对，并且问我如果他们参加了测试，得到的数据会作何用途。她让我了解到我的决定令老师们感到焦虑，并且向我保证这完全不属于老师对学生的奉献或者牺牲。我完全可以理解老师们对于参加马萨诸塞州综合能力测试的谨慎态度。我没有告诉他们测试结果会有什么影响，而他们也不确定自己能不能取得令人满意的成绩。

我考虑了一下强迫老师们参加测试可能引发的强烈反抗，最后找到了一个能达到同样效果的折中处理办法——我组织了一个小型的部门会议，解析能力测试的结构形式，并得到了很多宝贵的意见。对于考试内容的解构（一种保证课程连贯性的方式）开始于"将公布的考试范围和试题形式解构成更小的知识点来衡量测试要求达到的认知能力以及内容种类"。那时候我还没有和整个学院建立起信任关系，否则他们就会知道我的目的只是想更深入地了解马萨诸塞州综合能力测试，而不是考察他们的个人能力。因此，我试图踏出的这一步失败了。我没能准确掌握这个学校的文化，以及这个变革对于学校环境的潜在影响。如果我对于自己的学校有更深入的了解，我就会意识到这个学校正在经历从一个大型学校分裂成三个互相独立的小学院的转型阶段。而之后进一步割裂学院间联系的、自上而下的变革都让很多老师觉得异常痛苦。我就职的第一年，正是这个学校作为三个全新的、独立的小型学校存在的第一年，因此所有的变革都应该格外谨慎小心。它需要很长时间来慢慢变成一个团结协作，有着健康向上氛围的集体。

掌握学校氛围的小贴士

1. 观察。

2. 采访及会议。

3. 市政厅讨论。

4. 学习小组。

对学院的行动进行细致观察反思之后，我和老师以及中央行政办公室讨论了这个学校的历史传统。这些都让我对于学校文化有了更加深刻的理解。

而当我需要权衡未来的各种选择时，这种对于学校文化的了解也可以帮助我更好地估计选择会带来的影响。这一章主要分析了学校文化的内容，以及它对于校长决策的影响。

在不同学校文化中的有效变革

为了更好地概括校长们对于学校文化的看法以及学校文化对决策和变革的影响，接下来我们会介绍四位校长的经验。其中两位校长来自于享有极高社会声誉的传统学校，他们面临的挑战主要是如何让自己的决策可以通过一道又一道烦琐严密的审查；而另外两位来自于比较灵活的非传统学校的校长，他们则讲述了在没有外部压力，也没有那么多手续的情况下该如何决策。

在高知名度的传统学校该如何决策

我们曾经教育过那些签署独立宣言的人。我们从不贸然评论现有的事物。

——曼宁校长

大部分校长在决策时都面临着这样或者那样的潜在制约因素，比如来自利益相关者的反对，来自学校内部或外部的其他有影响力的决策者。尤其是在那些享有极高社会声誉的传统学校中，校长所做的每一个决策都时刻面临着各种各样的质疑，它可能来自中央办公室行政管理人员，可能来自于学校理事会，甚至是当地的报纸。在这种情况下，校长所做的每一个决定都需要格外谨慎小心，必须考虑到它对于毕业校友、理事会、董事会成员的影响。

来自马萨诸塞州的曼宁校长描述了她所在的传统高中："我们曾经教育过那些签署独立宣言的人。我们从不贸然评论现有的事物。" 她还补充道，她的前任校长格外重视保留学校的传统，那些新奇的主意几乎没有容身之地，但是同时她也强调，让学生们对于这个高速变化的世界有所准备也是很重要的。曼宁校长一方面保持着学校传统，而另一方面也鼓励教师开设新课程，并采用新的教学技术。她小心翼翼地引导着学校变革。即使校长意识到这个学校需要一系列的变革，除非学生们的表现差到忍无可忍，老师们正肆无忌惮地偷懒，学校面临着倒闭的危机，否则也绝不可以鲁莽而激进地在一年之内采取两项甚至两项以上的改革措施。

曼宁校长所在的学校还有另外一个颇为棘手的传统：她的学生家长们颇热衷于向中央办公室的领导或者当地的政治家们表达自己对学校政策和处理办法的不满。在曼宁校长做决策的时候，她就意识到自己是在一个高度政治化的环境里推进变革。家长、政治家还有媒体，都在时刻盯着她的一举一动。

为了避免这种政治氛围可能对学生造成的负面影响，曼宁校长决定将自己的学校从这种令人厌恶的公众关注中隔离开来。当时有一个女学生叫嚣着要杀了自己的老师，后来她也因此受到了应有的处分。然而调查显示，虽然那个女学生一直威胁要杀了老师，实际上她并没有进行谋杀的实际计划或者相应的手段准备。学生们犯下的政治性的错误以及它会给学校名誉带来的损害实在是让曼宁校长觉得不胜其烦。这个事情发生的时候，担心当地新闻媒体会穷追不舍，曼宁校长一直提心吊胆。她害怕自己的学生会受到严厉的抨击和批判，随之而来的就是学校长久以来辛苦经营的名誉毁于一旦。经过她和学院的努力，这件事总算没有被公之于众。

北卡罗来纳州的亨利校长也描述了他就职的一所有着百年历史的传统高中的学校文化，并且表示这所学校同样很有竞争力，同样高度政治化。自从亨利校长意识到自己学校里发生的很多事情都可能引发媒体的关注，他努力确保自己对于学校里发生的每一件事情都了如指掌，以期在接受采访时可以更好地回答问题，保护自己的学生和教职工。他谈到自己当初试图融入这个学校所经历的困难，因为这个学校的文化在一定程度上是排外且封闭的。校长们身处于这种环境之中，学校的历史很重要，校友们时不时就挥舞一下手中的政治或者经济权力，而那些长期以来的关系也必须好好维持。一个新加入的人可能需要很长的时间才可以融入这个环境。为了能获得成功，校长们必须理解在这样的环境中所存在的特有的组织结构形式，运行系统以及政策方针，而在实行改革之前也一定要做大量的调研。

在第六章中，亨利校长介绍了他解雇一个颇受欢迎的足球训练员的经历，以及在随后的决策中他所了解到的学校文化，包括有权势的校友对于决策的影响。亨利也表示，为了保证学校的学术性并在此基础上有所提高，一直以来他肩负着巨大的压力。他对于变革总是格外小心，他说："如果你希望做一些创新，你必须对于它可能的影响有着充分的把握。"根据学校的状况，亨利校长和曼宁校长都认为那些重大变革必须缓慢推行。

在低调灵活的学校该如何决策

老师们对于每一个孩子都有着足够的了解。我希望自己的孩子以后也可以在这样的学校里读书。

——布莱登校长

另外两个校长介绍了他们在规模比较小的学校里做决策的经历，并分享了在决策中他们领悟到的经验。马萨诸塞州的莉莉校长说："处于一种特定的文化当中可以让孩子们有安全感。他们和老师建立了亲密的关系。"虽然安全感以及和老师的亲密联系在这个学校里是最为重要的，莉莉校长补充道："我们同样认为应该注重培养学生的个性，而不是一味将他们置于老师的保护之下，然后再教导他们。"这就是说，有一部分职工非常重视在他们控制之外的转变——学生们可以有自己的发展和想法，而不是盲目跟随老师的脚步——改变教育方法，组织结构和政策。考虑到自己所观察到的学校文化以及变革的迫切性，莉莉校长决定在这所多种族城市学校里为挂科的九年级和十年级学生提供额外的学习辅导时间。在第四章中，莉莉校长详细说明了每一个负责九年级或者十年级的老师都被安排管理一个辅导时间段。通过这种方式，学生们可以在上学的日子里获得额外的指导。

布莱登校长同样也为自己学校里亲密的师生关系感到自豪。每天他都会在校园里和遇见的学生们打招呼，而其他行政管理老师也会为九百二十二个学生分别制作各不相同的报告单。老师们会参与学生之间的游戏，也会在科技文化艺术节上表演。布莱登校长说："老师们可以马上觉察到学生表现的下滑或者是异样的举动，他们对于每一个孩子都有着足够的了解。我希望自己的孩子以后也可以在这样的学校里读书。"这所学校的文化和布莱登校长本人强调建立良好人际关系，和学生保持紧密联系，密切监控学术表现的处世哲学完全吻合。当时有一个来自科罗拉多州的学生，由于家长工作调动的原因在学年中间来到了这所学校。布莱登校长试图和他建立起良好的关系，于是就给他发了一封邮件要求他来校长室一趟。布莱登校长至今仍然记得那个学生对于这封邮件异常惊讶。他来自于一个有着三千两百名学生的大型学校，他甚至都不知道他之前的校长是谁。但是无论如何，布莱登校长希望这个学生可以知道他的存在。

作为手握决策权的校长，他们必须要考虑学校的文化。和那些来自于有着悠久历史学校的校长不同，莉莉校长和布莱登校长都不需要在有权有势的校友、家长和外部压力的影响之下做决定。在他们的学校里，决策享有高度的自由，也没有那么严密的审查程序。而他们学校有限的规模也更利于师生关系的良性发展。

为有效变革打下坚实的基础

本章的下半部分将更详细地分析校长们是如何通过建立信任，然后一步步有策略地在特定的校园文化背景中推进变革的。

建立信任关系

我们要求校长描述各自学校的文化，以及学校文化对决策的影响。在和他们的交流中我们发现，大部分校长都认为和学院成员以及其他利益相关者建立起良好的人际关系有助于推行变革。而作为一个曾经当过校长的人，我一样认同坚实的人际关系网在决策中的重要作用。

在我做校长的时候，为了增进我和老师的关系，加深他们对我管理方式的理解，我邀请了普林斯老师参加会谈，询问她对我领导方式的看法。不是每一个人都可以幸运地知道职员对于自己的真实看法。我们可能只能听到我们想听到的褒奖，而不满则隐藏于那些褒奖之中。普林斯老师说我只会公事公办。当我走进她的教室的时候，我总是在做笔记或者进行巡查。在她看来，我很少为了和她交流而走进教室。这次会谈让我意识到自己需要花更多的时间来了解自己的职员，并建立起良好的关系。在此之后，我改变了自己的做法，将巡查的目的从一味地为了评估课堂表现改为了解自己的老师。赢得老师的支持和信任成了我的当务之急。富兰因为他对组织文化和变革的研究而闻名，而早在2008年他就曾大力宣扬人际关系在变革中的重要性。他给出的顺利推行变革的六个秘诀之一就是热爱你的员工。

热爱员工包括建立起真诚、无微不至的关系。

影响学校氛围的主要因素

1．安全感。

2．人际关系。

3．教学环境。

4．学校环境。

影响学校文化及氛围的因素包括安全感，人际关系，教学和学校环境。

有些校长和教职工、学院建立起良好而牢固的关系之后就会寻求形成团结协作的校园氛围。马萨诸塞州的坎特雷尔校长就曾说："我们学校有着团结协作的良好传统，大家齐心协力，推动学校不断发展。这种文化要求每一个人都为学校做出贡献，同时他们也有权利知道关于学校的一切。人们总是很乐意付出。"撇开人际关系不谈，其他影响学校文化及氛围的因素包括安全感，教学环境和学校环境。坎特雷尔校长在决策时会考虑到老师们的利益，并虚心听取他们的意见建议。她还记得自己第一年当老师的时候犯下的那些错误，并且时刻提醒自己是在和老师打交道。

北卡罗来纳州的爱德华校长曾经是一名教练。他同样意识到了在学校里建立紧密联系、互相协作、彼此信任的关系有多么的重要。他说："我们学校就像一个大家庭一样。我的目标是让每一位老师，家长和学生在早上醒来之后都迫不及待想来森普特高中（化名），并且他们的表现可以越来越好。"爱德华校长在决策时会优先考虑人际关系的建立以及积极工作的学校氛围。

爱德华校长曾经同意学生们在学校里拍摄视频，而拍摄经费则是由他的学生政府联合会赞助的。这笔赞助极大地提高了学生的士气和参与度。

这些校长提到了如何与老师建立起互相信任的关系，也努力建立起互相信任的学校氛围。他们鼓励百家争鸣，让不同的声音都可以自由表达；他们强调团结合作，像对待家庭成员一样对待老师和其他员工。正如我们所见，在变革前建立起这样的互相信任的学校氛围是很重要的。

有策略地开始变革

听听那些孩子们在说什么。虽然他们一般不会直白地说什么方法最有效。

——华莱士校长

我总是低估改变对于人们的难度，而我的决定会让一个人，甚至一群人做出改变。

——曼宁校长

改革有时候是极度困难的。正如曼宁校长所说："我总是低估改变对于人们的难度，而我的决定会让一个人，甚至一群人做出改变。"

在变革之前，我们建议先对改革的必要性进行衡量，并且直到问题已经逐渐明朗才开始改革。校长们分享了他们准确估计改革的必要性，鼓励教师积极参与变革以及如何制订计划深入推进变革的经验。

有一个改变学校氛围的策略就是建立观点表达渠道，这样的话，舆论环境会自然而然地思考这项任务的利弊。如果学校的办学宗旨中包含了很高的期待值，与学生的良好关系，以及错误选择的严重后果，建立起规范的行为模板并且照此实施就很重要。如果我们对学生色厉内荏地提高了嗓门，那么很有可能学生也会如此对我们。校长们对于变革的影响了然于胸，同时对于进一步的行为模板也有着清晰的构想，尤其是那些反映出办学宗旨的行为模板。这里的行为模板指的是富兰所说的"故意为之"。他写道："有影响力的变革领导者在帮助团体提高的同时也是一个主动的学习者。"这种变革或者说提高只有通过故意行为和不断反思才能做到。

华莱士校长认为她在决策时优先考虑的是满足学生的需要。华莱士校长相信如果她满足了学生的需要，那么其他的事情也可以迎刃而解。同时，她也会根据学生给予的反馈更新下一个选择。"对于我来说，如果你很饿，我就必须让你吃饱。听听那些孩子们会说什么。他们一般不会直白地说什么方法最有效，但是我给他们权利，让他们自己决定自己的教育。"华莱士校长相信，她的学生有权利在没有得到有效教育的时候要求召开教师会议。"无论老师们最终会不会改变他们的教学方法，他们必须考虑学生的意见。有很多老师不喜欢这种形式，但是我确实是一个服务型的人。"

华莱士校长希望可以让她的所有教职工都变得更倾向于服务型来最终改变学校文化。她注意到越来越多的老师会和学生以及家长一起开会来讨论问题，也坚信这种会议可以让老师们对学生的需求更加敏感。"我不希望家长们在走进校园的时候感到不自在。曾经有校长给予作为家长的我严厉而有帮助的爱，他们像信任学校领导一样信任我。"在成为校长之前，华莱士在当地的家长建议委员会工作了四年。正是和学生、家长打交道的工作经历让她对于工作充满热情。

有时候，为了变革，人事调动是无法避免的。来自马萨诸塞州的佩雷斯校长正是通过在四年内不断雇用支持变革的老师才成功改变了学校文化。为了在学院会议和工作日的时候有更多教学协作，她还改变了学校的组织结构。佩雷斯校长也重新安排了时间表给老师们提供充足的时间一起讨论问题，还鼓励他们收集数据来总结共性问题。而在学院会议上，佩雷斯校长减少了公告的数量，将多出来的时间用于讨论课程和教学技巧。

利用动荡的环境

我召开了紧急学院会议，关闭了办公室，要求所有的老师在教学楼内巡逻。

——罗林斯校长

凡是你能说得出来的，我们都有一段时间，平均每天都要处理三到四次类似事件。

——杰弗里校长

除了和老师建立起互相信任的关系以及有策略地开始变革，校长们也意识到了有时候我们需要实行激烈而迅速的变革来重新掌握学校。强调了学校文化的重要性之后，校长们也分享了一些实践中经常用到的推行变革的策略。罗林斯校长是这样描述在他变革之前的学校文化的：

"在最糟糕的一天，学生们向老师投掷装着尿液的气球。我们不得不关闭学校，那时候我没有任何的办学经验可言，也没有对于未来的设想。我们花了一年半的时间才让学校一点点走上正轨，而我做的第一件事就是召集所有老师。我说，我不想再被装着尿的气球袭击，我相信你们也不想再经历第二遍。我有一些想法，希望征求你们的意见。然而随之而来的还是恶作剧。我召开了紧急学院会议，关闭了办公室，要求所有的老师在教学楼内巡逻，确认每一个孩子的位置。即使学生的数量远多于我们，我们还是渐渐控制了学校。在此之后，类似的情况也没有再发生过。必须要团结所有人的力量。"

罗林斯校长在了解自己所在学校的文化之后放任负面事件的发生，而学校的环境也日益动荡，已经到了必须要行动的时候了。在制订了一系列后续提高计划之后，罗林斯校长鼓励学院里的每一个人都参与进来，而事实上所有人也团结在了一起，按照校长的变革计划行动，寻求进步。

如何在动荡的环境中重新掌控学校

1. 对于学校文化有足够的了解，清楚自己的想要的变革及其潜在影响。

2. 制订后续提高的计划。

3. 确定变革所需要的支持以及资源，包括预算、法律法规、社会服务机构、中央办公室的态度，等等。

4. 要求学院积极参与。

5. 掌控计划的事实，在必要的时候适当调整计划。

在杰弗里校长的学校里，枪支和暴力问题异常突出，时常会有斗殴发生。杰弗里校长说："我们在教学楼里放了七把枪，试图以此平息那些械斗。但是我们目前还没有金属探测器。我们时常会进行搜查。其实我们早就知道谁可能有枪，就是那些从来不上学的孩子。"

杰弗里校长认为，让学生们有一个稳定舒适的环境可以自由地表达自己是很重要的，但是与此同时，制订能够保证学生安全的规则一样重要。她觉得必须让学生们意识到不是所有在街上可以做的事情都可以在学校里做。作为一个新手校长，她对于一些理论深信不疑。那些理论告诉她，只要她能够提供一个高质量的、稳定的学校环境，问题少年自然而然地就不会再犯错。但是，对于她的学校而言，改变环境要比简单地遵从这些理论复杂得多。

在杰弗里校长看来，她学校的环境早就脱离了控制。"学校里可能有枪，有刀，还有斗殴，连停车场的轮胎下面都可能藏着危险。有一段时间，我们平均每天都要处理三到四次类似事件。"杰弗里校长发现，那些属于某个帮派的学生会在学校正在进行人员疏散的时候互相攻击，所以有时候他们会故意触发火警警报来引发紧急疏散。在某个时候，事态会突然恶化开始火并。因为火警实在是响得太频繁，消防队告诉杰弗里校长，如果她没有确定看见哪里着火，消防队不会要求她疏散学校里的人员。

杰弗里校长和她的教职工、警察局以及其他社会机构齐心协力，试图给这所学校带来改变。他们的计划之一是加固学校的大门，防止那些不是学生的人进入校园。同时，他们也努力招收新学生，为学校带来新鲜血液。校方还雇用了社会工作者和心理医生来为学生提供支持，并组织了一些集会。

得知学生们也希望学校的氛围有所改变，杰弗里校长觉得很欣慰。学校名誉一天天提高，她的学生也会因此产生自豪感，觉得自己比其他城市学校里的学生更加优秀。

总结

　　这一章主要讲述了学校文化在变革时的影响。从小的方面来说，校长应当将学校文化纳入考虑范畴，它可以为变革的有效推行打下坚实的基础：只有和师生建立起相互信任的关系，校长才可以一步步开始推行变革。就像马萨诸塞州的史塔尼斯校长所说，如果你在不了解学校文化，也不知道其他领导所做的决策，更不知道他人对变革态度的情况下决策，失败几乎就是必然的了。决策中最重要的就是周全的考虑和缜密的思维。尤其是在变革之中，必要的反思和举一反三的能力至关重要。

第四章　　审视大局

决策会对周围的环境会造成什么影响?

它对学校里的教职工会造成什么影响?

它对于处于学习之中的学生会造成什么影响?

——佩伯校长，北卡罗来纳州

除了坚持核心价值和把握学校文化，校长们同样需要对于决策的复杂程度有着深刻的了解，大致估计它可能的发展趋势来决定哪些人可以参与其中并制订相应对策。在审视大局的时候，校长同样需要考虑这个决定可能会影响到哪些人，包括学校里的工作人员和学生，以及是否有必要预先达成共识。以上描述的决策方式是戴维斯在2004年提出的启发式决策模型。

启发式决策

戴维斯将启发式决策和传统的决策方法放在同等重要的地位，认为那些高度理性的领导人被过于神化了。他们仔细地分析问题，并且从不会让外部的压力和争斗左右他们的判断。戴维斯认为，在校长的日常实践中，这种有逻辑的决策极少发生。那些牵涉到人的决策从来就复杂多变、难以预测。冒出来的问题会让人摸不到本质，陌生且令人困惑，与之相伴还有着多面性，它们几乎不可能被逻辑分析轻易解决。实际上，考虑到学校里决策的本质，局面平衡往往脆弱不堪，稍有差池就会引起意料之外的惨痛后果。那些依赖于理智分析的决定在教育行业中只存在于制订预算，分析数据以及决定日常杂务。想要指望提前制订好的计划一步步准确无误地做出关键性的决策几乎是不可能的。

因此，戴维斯提出了启发式决策这个方法。启发式决策被定义为"对于同一类的情况制订预设对策"，并且戴维斯承认这种方法"无法避免错误"。启发式思维被进一步描述为"通过内容分块模式将问题分割成一个个较容易解决的部分从而运用经验法则。经验法则意味着运用公认的超规则将信息在心中组成一个完整的架构。"启发式思维的能力可以通过对类似案例进行预测然后针对结果举一反三的练习方式不断提高。然而，对于同一类的情况制订预设对策和针对特定的情况制订预设对策是完全不同的。

戴维斯在审视大局的情况下对提高启发式决策能力的方法进行的试验，包括开阔视野、扩大观察范围、形象化分析对策。在下述采访当中，校长们在讨论复杂决策和戴维斯的启发式决策中提到的各个影响因素彼此之间都有着一定的关联。

提高视野

我大声地对自己说话，试图听到脑海里的回应。

——万斯校长

开阔视野指的是掌握事物全局并揭示规律的能力。万斯校长是这样描述处理复杂问题的方法的："我会观察全局。我大声地对自己说话，试图听到脑海里的回应，然后一步步设想自己走过所有的场景，对于接下来会发生的事情也就有所准备。"布莱登校长则说："我试图分析手头上的问题，最核心的那个问题。人们到底是因为什么而觉得失望？我会在脑海里先演练一遍，然后再大声地说一遍。"面临复杂决策的时候，校长们了解问题的每一方面是很必要的。他们需要考虑到每一种可能性和备选方案。有一个方法就是将所有可能的选择告诉其他在场的管理人员。很多校长提到他们会用这个方法。同时，他们也提出在成堆的消息中筛选出有用的那部分并且在决策之前对于核心问题有清楚的认识是很重要的。

开阔视野小贴士

1. 了解问题的每一方面。（包括所有会受影响的利益相关者的态度）

2. 思考所有可能的对策。

3. 筛选有用的信息，确定问题核心所在。

4. 和其他管理人员交流所有可能的对策。

扩大观察范围

我会从不同的观点立场分析问题。我忽略了什么？

——莉莉校长

戴维斯的另一个建议就是扩大观察范围，包括问题的前因后果以及关键信息的缺失。莉莉校长还补充说："我会从不同的观点立场分析问题。

我忽略了什么？当其他人分享信息——他们是站在什么角度才会看见一个截然相反的故事？我将前路的障碍和最糟糕的后果形象地告知其他人。"做决策的时候，对自己的处境有着清晰的认知无比重要。校长们必须提前弄清楚所有关键因素、矛盾冲突和各方利益所在。

万斯校长说："我意识到学校里因为缺乏尊重造成的学生违纪现象越来越多。于是我们在学生之间进行了调查。大约有30%的学生认为学校里的教职工尊重他们，然而只有25%的学生认为他们尊重那些职工。"万斯校长想起了之前的调查数据：他从学校里的七百五十五位学生和四十七个老师中抽取了六百九十七个人调查而得出了数据。他决定扩大自己的观察范围，深入调查学生的行为，并且采取措施让潜在的问题暴露出来，而其中之一就是学生们不尊重老师是因为他们觉得老师不尊重他们。万斯校长决定让学生们观看一段二十分钟的视频《蝴蝶马戏团》，然后讨论尊重的含义。他希望可以从中得到数据中缺失的学生观点。他的努力极大地改善了学校的氛围。

扩大观察范围小贴士

1. 确定问题的前因。（你知道哪些）

2. 确定原因的后果（你想知道哪些模糊的细节问题）。包括历史，学校文化，政治影响，舆论风险。

3. 确定障碍。

4. 确定直接利益相关者的态度。

5. 考虑间接利益相关者的态度。

形象化分析对策

当你身处困境并且想方设法解决的时候，你会对后果进行设想。

——佩雷斯校长

我最佳的思考时间是在开车回家的路上。如果我一旦做出了决策，就不会再动摇。

——杰弗里校长

戴维斯同时提出应当对于解决对策进行适当的假想，包括制订计划、基本原理、替代办法以及设想对策问世之后的反应。来自马萨诸塞州的佩雷斯校长说："我认为当你身处困境并且想方设法解决的时候，你会对后果进行设想。有时候决策花不了多少时间，但是你需要花更多的时间决定你想做什么。制订计划会花掉大部分的时间。"佩雷斯校长简述了她是如何分析问题并得出解决方案的。她很重视制订计划的重要性，同时也承认想要毫不遗漏地分析出每一种可能是比较困难的。

考虑到校长素日里工作的快节奏，匀出一部分时间用于形象化地分析对策可能不太容易。在我做校长的时候，我会在自己的床头柜上放一个小小的笔记本，然后每当我因为突然想到什么点子而从睡梦中惊醒时，我就可以马上把它写下来，哪怕那时候我的脑子不太清醒。如果我那一整天都在思考同一个问题，很有可能在夜深人静或者清晨的时候灵光一现，找到解决办法。哪怕是早就下班了，校长们也不会停下寻找解决办法的脚步。形象化分析对策的黄金时间因人而异。选择之一就是在职工们上班前一个小时开始工作，这样可以让校长有充足的时间反思前一天发生的事情。而杰弗里校长则提出了另一个选择："我最佳的思考时间是在开车回家的路上。如果我一旦做出了决策，就不会再动摇。最佳决策对每一个人而言都应当是最佳的。"除了制订计划之外，做决策时还有另外一个关键因素：确定基本原理。杰弗里校长提到她的基本原理是根据利益相关者从决策中可能获得的利益来确定的，而开车回家时安静的环境十分有利于思考。校长们可以不断培养自己启发性思考的能力，通过观察大局来做出更有效的决策，包括提升视野、扩大观察范围以及形象化分析对策。

形象化分析对策小贴士：

1. 制订行动计划。
2. 确定基本原理。
3. 考虑决策问世后的反应。
4. 思考替代方案。

这是一个复杂的决策，还是棘手的决策？

是什么让决策变得困难？处于对错之间的模糊地带。我必须确保自己是公平、有道德、始终如一的。但是很多事不能简单地用对错判断。尤其是在行政管理上，有很多的灰色地带。

——梅杰校长

除了审查大局之外，校长们也需要在决定参与人选之前对于决策的复杂和困难程度进行大致的估计。有些决策很棘手，但是并不复杂。佩雷斯校长说："出于招生需要，我减少了老师的数量。决定裁减哪些老帅真的是很艰难的抉择，抵住各路游说劝诫也很难。"在她看来，按照每种语言课程的招生人数决定裁减的老师名单并不是一个很复杂的决定，但是却很棘手，因为这种决定很容易在教职工之间引发分歧。在缺少信息或者决策结果可能影响学院以及教职工的前景时，决策往往会变得分外棘手。

而另外一些更复杂的决策则可能牵涉到更多因素，比如在下一学年财政预算出台之前制订时间表。当然，这种决策未必也就没有完全的解决办法。佩雷斯校长补充说："我觉得这个决策很难，只是因为你必须确保自己雇用的老师正是自己所需要的，否则你就是在浪费钱。我希望可以将课程的规模调整到最合适的大小。我不想看见那些只有十个人的教室。"

当被问及哪些因素会让决策变得很难，校长们提到了很多方面，包括教职工中的派系分立、决策潜在的负面影响以及道德约束。而那些棘手的决定可能会留下长远的影响，比如课程安排、削减预算以及老师的表现。梅杰校长说："是什么让决策变得困难？处于对错之间的模糊地带。我必须确保自己是公平、有道德、始终如一的。但是很多事不能简单地用对错判断。尤其是在行政管理上，有很多的灰色地带。"

是什么让决策变得困难？

1. 长远的影响。比如课程安排，削减预算，老师的表现。

2. 灰色地带。

3. 缺少资源。

4. 对学院及教职工的潜在负面影响。

5. 用于决策的有限的时间。

这是一个很简单的决定？

简单的决定之所以简单，就是因为它很明显可以让学生受益，所以不需要任何犹豫，你就可以给出一个确定的答案。当然这不一定是学生们想要的。

——史塔尼斯校长

理所当然，不是所有的决定都是困难抑或复杂的，有些会很简单，几乎不用动脑子就可以解决。简单的决策包括让学生积极参与有益的学术活动，以及其他明显可以让学生受益的活动。除此之外，单纯地遵照上级政策或者根据既定的标准分配经费都是比较简单的决策。

马萨诸塞州的曼宁校长是这样解释简单决定的："我是否会允许一个被邀请参加国家生物学研讨会的学生去参加这个研讨会并且递交他的论文呢？毫无疑问答案是肯定的。"史塔尼斯校长则说："简单的决定之所以简单，就是因为它很明显可以让学生受益，所以不需要任何犹豫，你就可以给出一个确定的答案。当然这不一定是学生们想要的。"如果一个老师想要在考试周的时候去郊游，显然校长会拒绝这个要求。

北卡罗来纳州的金校长则认为分配经费很简单，因为一旦定下了分配的标准，比如按照课程容量或者各个州的指导标准，那么这个问题就没有太多的讨论余地。他说："简单的决策就是那些没有灰色地带的决策——将每个老师都放在既定的位子。你要进行分配，你有那么多老师，那么只要把老师放到那个位子上去就好了。"

但是简单的决策实行起来并不一定是顺利的。校长分享了他们为了提高学生综合素质而推行新项目的经验。他们一致觉得做出这个决定很简单，但是想要真正推行却很难。北卡罗来纳州的爱德华校长说："我工作的第一年，我们试图推行一个比较大的项目。立项很容易，因为我知道它肯定能帮助学生提高水平。但是简单的决定推行起来却很艰难。我知道我想做的是什么。"

对于学院和教职工会造成什么影响？

> 我会尽力让他们及时了解决策进度，有所准备，并征求他们的观点。
>
> ——坎特雷尔校长

除了观察和大局相关的因素，判断这个决策是否属于复杂困难决策，校长们同样需要考虑这个决策对于学院以及教职工的影响以及他们的态度。做出最终决定之前，校长们需要停下来想一想它对于人的影响，以及预期中的情绪波动。

一方面，校长们需要考虑决策对于学院以及教职工的影响，但是在另一方面，校长们还需要考虑他们对于可能的决策结果已经知道了哪些消息，还应当知道哪些。坎特雷尔校长说："我不喜欢别人帮我做决定。我的处世哲学就是己所不欲，勿施于人。我会尽力让他们及时了解决策进度，有所准备，并征求他们的观点。"既然坎特雷尔校长不喜欢别人替她做决定，那么自然，她也会尽量不帮自己的职员做决定。她会尽可能地让受到影响的职工参与这项决策。

北卡罗来纳州的爱德华校长说，他从每一个监察员的身上都能学到很多东西。他还补充说了一条从自己父亲身上学来的黄金原则："己所不欲，勿施于人。"当爱德华校长不得不解雇一个已经在学校里工作了很久的老师时，他会努力去安慰他。"我一般会说是因为财政预算的原因，可能老师会很难过、很失望，但是他们也会尊重我的决定。"对于爱德华校长来说，人情味很重要。所以他努力确保自己无论这个决策有多棘手，都要传递出对师生的人文关怀。

让他人参与决策

我努力地创造一个宽松并适合于创造的环境。人们在这个环境中有着充分的自由参与决策权。

——史塔尼斯校长

我会把所有直接受到影响的人集中在一起，然后再让我的助理和老师参与进来，而现在我希望学生也可以参与决策。

——罗林斯校长

在审查全局，决定决策的视野范围之后，校长需要想办法从学院那里获得尽可能多的投入。一般而言，接受采访的校长们都倾向于让学院以及教职工们参与决策。这种参与不仅仅是提出意见建议，还包括让相关院系以官方身份正式参与既定流程步骤。

曾格校长和她的领导团队就如何让他人参与决定制订了一系列的标准。如果曾格校长所做的决定无关于她的核心价值，那么她就会根据民意做出决定。如果是和教职工的财政预算相关联的决策，曾格校长就会通过多种途径让职工参与决策。80%的职工都可以在决策环节中发表自己的意见并参与流程，而剩下的20%则可能是有不同甚至相反的意见。这种情况一旦出现，曾格校长坚持的规则是每个人都可以发表自己的意见来争取下学年的财政拨款，但是争取的是另外一个人的财政拨款，而不是本人的。通过这种方法，她相信最后的决策可以争取到80%或者90%的支持率，并且这个过程需要一个有决定性话语权的领导者。如果最终没能达成多数一致的结果，每个人都会觉得不甘心。最后，曾格校长也向自己的教职工表达感谢，谢谢他们对自己的支持，允许自己一直以来充当那个有决定性话语权的领导者角色。

史塔尼斯校长则坚持，他会尽可能地促成共识的达成，但是他会收集资料数据，并且做出最终决定。他使用杜弗尔在2007年提出的松紧领导力理论来解释自己的决策方法，"这种决策方法强调自制力和创造力（即"松"），但是这种自制力和创造力是基于一个有着明确目标和共同利益的框架（即"紧"）之下的。"另外，杜弗尔还解释了松紧领导力理论中最关键的因素是"对于最核心的权益绝不妥协"。史塔尼斯赞同杜弗尔的理论，说道："我努力地创造一个宽松并适合于创造的环境。人们在这个环境中有着充分的自由参与决策权，可以随时向我表达自己的意见建议，但是却不能从我这里得到确定的答案。"但是史塔尼斯同样很担心这种决策方法可能让校长对于教职工的行为没有充足的约束力，因为平日里的管理趋于松散。他希望教职工们可以做出最佳的决定，而不是风险最小的决定。

罗林斯校长同样鼓励自己的教职工积极参与决策，并且倾向于集中所有相关人员通过合作讨论的方式得出最终结论。面对问题时，罗林斯校长说："我会把所有直接受到影响的人集中在一起，然后再让我的助理和老师参与进来，而现在我希望学生也可以参与决策。"

这些校长们偏向的决策方式与斯皮兰和希利在2010年提出的分散式领导相一致。分散式领导包括两个层面：附加领导和实践。附加领导的意思就是除了校长之外，让其他人也参与管理学校和共同领导。除此之外，它还详细解释了共同领导的具体方法。而实践则强调了领导和管理实践，以及专长各异的团队成员之间的互相协作。接受采访的校长们表示他们都会使用分散式领导。实际上，校长们都意识到了让教职工们的意见得到充分表达的重要性。他们珍惜学院和老师们的付出。然而，他们同样认为必须找准让他人参与决策的时间节点。

而至于达成共识，校长们对用于达成共识的时间以及应当基于共识做出的决策种类持保留意见。通过共识做出决策有局限性。它可以让学院以及教职工的意见得到倾听，但是最终的结果还是有可能和他们预想的不相同。让学院和教职工参与决策并不直接等同于通过共识做出决策，而是分散式领导的具体实践。

让老师和家长参与：教育的新变革

我承认这是一个巨大的挑战，因为我们的学生比正常的孩子更加脆弱，而家长们对于这次变革也很了解。

——史塔尼斯校长

史塔尼斯校长分享了自己在郊区贵族学校的特殊教育部门工作的经验。

为了让特殊教育的老师和家长能够参与到决策的过程中，史塔尼斯校长召集老师和家长举行了一次会议。"迫于财政预算的削减，我对特殊教育部门进行了彻头彻尾的改造。于是渐渐地就有传言觉得我们没有办法好好照顾那些孩子。我承认这是一个巨大的挑战，因为我们的学生比正常的孩子更加脆弱，而家长们对于这次变革也很了解。"

除了和老师家长进行会议，史塔尼斯校长还向校外人员咨询变革事宜。在收集数据的过程中，史塔尼斯校长在特殊教育部门裁员七名，占原人员数的10%。他通过学生家长的反馈衡量这次变革的成功与否。在接下来的几年中，没有任何一个家长向史塔尼斯校长抱怨过由于职员的减少，自己的孩子没有得到合理的照顾。另外，史塔尼斯校长还采用了合作教学。特殊教育部门的教职工们对自己的校长表示了支持，认为他找到了更好的服务学生的方式。特殊教育的高风险性，联邦法律和州法律的约束，以及决策本身的复杂性都让这次变革充满了挑战。

在这次变革中，史塔尼斯校长意识到以下几件事的重要性：让教师、家长以及校外咨询师参与其中；小心谨慎地推行计划，努力获得学院以及社会支持。在贵族学校，尤其是家长参与度极高的学院部门推行这种程度的变革，校长需要极大的勇气。你必须让家长和老师们相信，即使教职工的数量减少了，学生享受到的服务以及个人教育项目的目标都不会因此有任何"缩水"。

让辅导员和老师参与：学生表现提升计划

在我管理一所高中时，我和辅导员、助理校长以及一些老师一起工作，寻求推行学生表现提升计划。我注意到我们有大量学生——大概全校一共有一百三十个以及两个以上的补习小组致力于降低挂科学生数量并帮助尖子生取得进一步的提高。针对准九年级生，学区里还有专门的顾问给他们提供咨询服务。我和这些顾问们进行了交流，浏览了学生名单，并根据出勤率、行为表现以及成绩初步定下了高中补习小组名单。按照这份名单，每一个助理校长以及顾问和各自负责的学生每周进行一次会面。这个计划刚开始的时候，名单上的那些学生都是助理校长们本来就经常会面的学生，无论是出于风险干预学业预警，还是违纪。在大部分情况中，学生和辅导员的定期会面是为了避免违纪现象的出现。这个项目的成功应当归功于补习小组、管理团队以及学院和辅导员的付出。除此之外，学校一直以来坚持的每天50分钟共同午餐时间也在一定程度上推动了这一项计划的成功。教师们纷纷自愿放弃了这50分钟的午餐时间，和学生们进行一对一的交流或者小组会谈。同时，和助理校长以及任课老师进行每周一次的会谈也是项目的组成部分。而在这次变革之前，学校实行的是根据学生的整体表现每季度召开一次全院大会。通过一系列和学院、辅导员、行政管理人员的交流，表4.1中列出的学习小组项目得到了实施。

表4.1 学习小组

和学生进行会面，制订初步的学习小组名单。学生名单按照出勤率、行为表现和成绩划分。
六月份重新修改这份名单，并且加入新招收的学生。
按照出勤、行为表现和成绩重新制订一份补习小组的名单。将名单交由学院负责，每季度更新一次动态。
名单上所列的一百三十名学生按照每周一次的频率与辅导员和助理校长进行会面。刚开始的时候，辅导员和助理校长应当帮助学生制订一份详尽的学习计划。
随后，辅导员和助理校长在每周会面上检查上一周学习计划的完成情况，并确保上周的会面照常进行。

要求学生在课后或者午餐时间至少与一位任课老师讨论问题。
补习小组每周对一位名单上的学生进行辅导。讨论如何为学生提供更充足的学习资源，每周更新学习计划的实施情况，每周和老师进行一次会面，尤其是代数老师和英语老师。
强制推行柏拉图在线学习系统。
对挂科的学生进行学业干预，例如自修室、补习小组以及柏拉图学习系统。
当学生在一段时间之内表现出了较高的学习水平，则取消强制的学业干预。
每季度对名单上的学生进行审查，及时增减。
对于不擅长数学的学生，让他们参加数学补习小组而不是自修。
检查D档以及F档的学生名单，制订特殊的学习计划。
体育教练对于学生运动员的学习情况进行每周一次的检查，为他们提供自习室。如果没有达到及格线，则该学生不能上场比赛。
和体育教练进行一月一次的会面，了解学生运动员的成绩。

出处：由作者于2010年2月9日，作为达拉姆公学、达拉姆教育者联合会以及国家教育者联盟基金委员会的一分子，为缩小成绩落差助学金项目提出。

顾问：校长的后援团

除了让老师和家长参与决策，校长们还分享了另外一种合作解决问题的方式——他们有专门的顾问可以帮助自己掌握学校文化，并做出最合适的决策。北卡罗来纳州的里昂校长说："我的顾问可以帮助我在最短的时间内掌握关于领导力的每一方面，我认为在我的职业生涯中，这一点很关键。当然，我也会让助理校长参与整个过程，这样的话他们就可以具备最基本的决策能力。"马萨诸塞州的罗林斯校长则透露说："在绝大多数决策中我都会寻求帮助。这么多年来我渐渐地有了自己的后援团队，遇到问题的时候就会打电话过去说，'嗨！我碰到了什么什么事，你觉得我应该怎么办？''"罗林斯校长还补充说，因为每一个顾问都有自己擅长的那方面，他会在遇到不同问题的时候咨询不同的人。"我记得有一次我和自己的同事讨论关于文化和学校氛围的问题。他说他会利用午餐时间和学生谈谈。"罗林斯的这位顾问有一个小型的，大约四百名学生的学校。而罗林斯的学校里则大约有一千六百名学生，是这个学区最大的学校。这位顾问给罗林斯校长提供了很多实用的信息，但是在具体操作上却无能为力，因为他们的学校规模区别太大。校长们很珍惜外援们的帮助，但是还是要在这些建议中进行筛选来做出最正确的决定。

和有经验的、值得信赖的校长建立良好的关系是很重要的。经验丰富的校长可以帮助新手校长避开那些可能造成灾难性后果的错误。有些决策不是理所当然就可以得出的。新手校长往往无法预测这些决策是否会引发学院或者家长的反对。在决定对策时，你首先需要判断这是一个简单的决策还是复杂的。一个简单的决策可以在和别人短暂讨论之后就得出答案，但是如果这个决策比较复杂，那么咨询有经验的同事并仔细分析问题就是必不可少的步骤。

总结

做决策的时候，校长们需要综合预期效果、阻力、收益、意外后果以及所有可能场景得出可行的解决方案。同时，他们也需要其他人力投入，并分析这个决策可能对教职工造成怎样的影响。校长们注意到教职工的反馈对于决策有着至关重要的影响，尤其是在那些会直接影响教职工利益的情况下，他们会额外注重这部分反馈。按照情况的不同，校长会允许不同的人参与决策。有时候他们还会咨询顾问的意见。在接受采访的校长当中，亚当斯校长的观点引人深思。他说："牵涉面越广，决策就越难。所以我尽可能独自做出决定。"

第二部分

做出艰难决策

第五章　纪律处分

学生们有时候会选择错误的路，

但是这并不意味着他们无药可救。

太多的时候他们被直接放弃。

学生们需要为自己的行为负责。

但是我们应该让他们变成更好的自己。

——莉莉校长，马萨诸塞州

在本书的第一部分，研究了影响校长决策的因素，即关键问题解决步骤，核心价值，学校文化，审查大局，以及让学院和顾问参与决策。而在接下来几章中，我会更加深入地分析几种特定类型的决策，并介绍校长们在实践中遇到的艰难决策，以及他们的解决方法，其中包括纪律处分；预算和人事问题；项目，实践和政策；如何提高非裔和拉丁美洲学生的学术表现。

校长们遇到的最艰难的决策之一就是应当如何对学生进行纪律处分。在采访当中，校长们表示他们会将这个行为本身和学生先分离开来，进行仔细的调查后考虑学校的相关政策以及决策对学生的影响，最后做出处分决定。学生和家长们可能并不满意学校的处理结果，但是校长们应当确保他们至少可以理解学校的处理结果。

通过本章最后的两个案例分析以及校长的经验之谈，读者们将有机会思考和讨论如果是自己需要对学生进行纪律处分或者类似问题时应该如何处理复杂多变的脆弱情况，包括是否公开宣布，如何与家长、教职工交流，以及向受影响的学生提供帮助。

有关纪律处分的决策需要考虑的因素

利用关键问题解决步骤。

反思核心价值。

考虑学校文化。

思考对人影响。

分析全局。

咨询专业人士。

控制风险

针对本节讨论的三种风险以及我的个人经历，校长们提出了环环相扣的解决问题的必经步骤。每位校长都会首先进行详尽仔细地调查，然后考虑法律法规和学校政策对于决策的影响。除此之外，关键问题解决步骤、核心价值、学校文化、对人影响也是必须要考虑的。在对学生做出纪律处分之前，最好可以再咨询一下他人的意见建议。

高年级生的恶作剧：带有性骚扰字样的便利贴

在我负责管理北安普敦郡中部高中的时候，基南，一个高年级的男孩子，在一个老师的桌子上留下了写着如下字样的便利贴："辛普森老师喜欢伪娘"和"辛普森老师喜欢男人"。学年刚开始的时候，基南就曾在辛普森老师的电脑桌面上创建了一个空的带着色情图标的文档。但是辛普森老师没有将这件事上报学校。而在便利贴事情发生之后，辛普森老师以下述理由记录了这个违纪行为：不服从和骚扰/欺凌。在我和基南交谈的时候，他承认了自己的所作所为，但是认为这两件事都只是玩笑而已。在和辛普森老师以及基南分别谈话之后，我给基南的妈妈——温特夫人打了电话，通知她基南将被停学。

温特夫人请求与我和辛普森老师碰面，讨论基南的处理结果。在碰面的时候，温特夫人告诉了我们她的另一个孩子，同样就读于北安普敦郡中部高中的一个学生，曾经被骚扰了很多次但是没有告诉老师。而最关键的是，温特夫人质问辛普森老师为什么要上报这件事情。她认为虽然这件事应当严肃对待，但是很明显基南只是想开玩笑，而辛普森老师居然不能理解他。基南越界了，可是那是因为辛普森老师给了他模糊不清的信息。至于之前带有色情图标的文件夹，温特夫人说没人告诉她或者她的丈夫接下来发生了什么。她坚持认为应该给予基南警告作为纪律处分，并且由于他没有恶意，学校应该找到一个合适的方式来帮助他。而在接到停学通知之后，温特夫人询问能否采取校内停学的方式，即允许基南留在学校，但是不能上课。

在做出正式处罚之前，我仔细阅读了学校的规章制度，并且根据学生手册，基南的行为应当被处以停学处分。虽然温特夫人和学校的管理层都不知道之前的色情图标事件，但是这对于后来发生的便利贴事件没有任何影响。按照标准，我们学校对这种恶性事件的处分不止于警告处分。我同意如果温特夫人或者学校管理层可以在基南第一次犯错的时候就及时了解情况，那么后来的事情可能也不会发生。但是即使是基南第一次犯下的错误，处分结果也只能是停学。我告知了温特夫人这次停学对于基南将来申请大学的影响，大部分学校都会要求递交申请的学生对于停学处分做出书面解释。另外，由于事情发生时正是足球比赛季，身为足球运动员的基南也可能因此无法上场。这次会面的过程很艰难，因为有一个学生因为自己错误的选择而不得不面临颇为残酷的后果。我向家长保证一定会公平地处理这次事件。在取得老师的谅解和支持之后，我也做出了一定的让步，用五天校内停学的处罚代替了之前的校外停学。

在这个例子当中，收集调查相关事实，基南对于自己行为的看法，还有辛普森老师的态度都很重要。我们不一定要在处分之前咨询家长的意见，但是在这个情况之下，家长对之前未上报的违规行为的态度还是值得思考的。除了参照既定的处罚标准之外，如果学生的违规行为是针对某个老师发表了一些煽动性的言论，我还会询问这个老师的意见，有很多种处分方式以供选择。最后，保证公平公正地按照学生手册上的规定进行处理。类似上述案例的学生违规事件，管理者需要在收集信息的过程中调查清楚事实，参照学校政策和学生手册来处理，并从多个角度思考问题。

种族引发的学生斗殴

最棘手的部分是和家长的沟通。白人学生的家长从一开始就激烈抗议自己孩子受到的停学处分，他的父亲甚至暗示会寻求法律手段阻止那个黑人学生再回到校园。

马萨诸塞州的兰格里校长曾经碰到过两个男学生在学校里斗殴。他们当中有一个是非裔，也是地区反种族歧视项目志愿者协会（METCO）的成员，而另一个人则是居住于当地的白人。他们在食堂吃午饭的时候一言不合就开始打架，一直打到食堂外面，在有着一千九百名学生的校园里打得不可开交。

现场情况难以控制，有可能出现大规模的集体斗殴事件。很多学生在现场围观，没有围观的人们则从广播里知道了现场的情况。波士顿的少数种族和当地白人的冲突矛盾由来已久。虽然当地政府致力于消除种族隔阂，早在十年前就在中学开设了反种族主义的选修课，但是成效甚微。调查显示早在这次斗殴之前，这名白人学生就曾对这个黑人学生的成绩发表过侮辱性的言论。虽然这次是这个黑人学生挑衅在先，但是白人学生的行为也远远超过了必要的正当防卫限度。在询问当事人和学生，观看监控录像，以及翻阅学生手册之后，兰格里校长决定对双方都采取停学处分。兰格里校长花了很长时间试图还原事件真相，至少听到了七个版本的那张午餐桌上发生的事情。她也意识到这件事情当中包含着种族隔阂因素。最后，那个黑人学生被停学十天，而白人学生则停学五天。最棘手的部分是和家长的沟通。白人学生的家长从一开始就激烈抗议自己孩子受到的停学处分，他的父亲甚至暗示会寻求法律手段阻止那个黑人学生再回到校园。他们希望校方可以开除那个黑人学生。兰格里校长说："上星期我接到了白人学生父亲的电话。他问我那个黑人学生什么时候会回到学校。一旦他回到学校，他就会报警。然后他给反种族歧视项目志愿者协会的主管也打了电话。"

由于那名黑人学生是接受特殊教育的学生，兰格里校长进行了一次听证会。当特殊教育的学生面临纪律处分，例如停学、开除等严重后果时，校方应当召开听证会来讨论决定合适的处理结果以及该学生的残疾是否属于从轻情节。在这次事件中，当这位黑人学生可以一走了之的时候，他却选择继续纠缠这名白人学生。兰格里校长很在意这个细节。但是让事情复杂化的是，在相关测试结果很有可能有利于黑人学生的情况下，由于害怕承担法律后果，他的家长拒绝进行测试。取决于它的类型以及结果，相关测试很有可能要求校方进一步提供现场证据或者以转学代替开除。因此，这一系列的帮助措施都没能得以实施。兰格里校长认为两个学生都已经从这次斗殴中走了出来，也不会再有下一次冲突了。她承认这次事件还留有一些影响无法立刻消除，但是至少给了她很宝贵的经验，尤其是在特殊教育学生的纪律处分这方面。除此之外，她也学会了应该如何处理有关种族歧视的学生纠纷。

在这个案例中，这场由种族纠纷引起的斗殴很有可能对整个学校的氛围以及学生之间的关系造成极大的影响。下述是一些处理类似问题的小贴士

1.迅速将打斗双方分开，收集目击者的证词。

2.浏览目击者的证词，翻阅学生手册，考虑潜在受影响者对于处理结果的反应，包括学生、家长、学院。

3.斟酌处理结果的公平性，允许双方家长对于处理结果是否掺有种族偏见或者有失偏颇提出意见。

4.咨询学校律师以及人权部门，避免可能引发的争议。

5. 提前做出决定。如果要减轻处罚力度，在什么情况之下对哪一方减轻处罚？另一方会有什么反应？

6. 准备听证会，提供调解的机会。安排顾问或者其他学校管理人员专门照顾双方学生，避免进一步的冲突。

可疑武器威胁

我觉得我只能做出错误的选择，把我的学生置于危险之中。我能够理解家长和舆论媒体对于这件事的争论和分歧。

——曾格校长

曾格校长和我们分享了她经历的一次危机。一个学生告诉她有人带枪进入了学校。搜寻进行了六到七分钟之后，有一个学生撒腿就跑，完全不理会老师在身后的追问。很快老师就失去了这个学生的准确位置，曾格校长认为有充分的理由相信真的有人带枪进入了校园。于是她决定即刻封锁学校。虽然她咨询了警察，但是对于是否有必要封锁学校，警方拒绝给出明确的答复。"我觉得我只能做出错误的选择，把我的学生置于危险之中。我能够理解家长和舆论媒体对于这件事的争论和分歧。"

在封闭期间，警察和政府当局对学校进行了彻底搜查。在确定那名可疑学生已经不在学校了之后，曾格校长转移到了学校里的避难场地。她给家长们发送信息告知情况，与此同时有些新闻媒体也等候在学校外面。下午，可疑学生在市中心被发现，他声称那个看见他带枪的学生只不过看到了一个打火机而已。而警察也认为那个学生只是带了一个长得很像枪的打火机。

在这个决策当中，做出封锁学校的决定需要很大的勇气。曾格校长需要当机立断，也要考虑长远的影响，还要在警察、火警部门、学校、媒体、中央办公室和家长的影响干预之下掌控这次封锁。她的学生也在给父母发送信息告知情况。她必须给家长发送一段很长的语音留言解释这次封锁，然后给媒体发一段更长的新闻通稿。单就封锁学校这一个决定而言，可能是随之而来的一系列决定中最容易做出的选择了。曾格校长认为学生的安全要比潜在的负面社会影响更加重要。

曾格校长还需要和安保人员、学院以及警方交流，并做出一系列的决定。她已经在这个学校做了五年校长，在此之前，她曾经因为炸弹威胁关闭学校。在她就任的第二年，一个学生甚至威胁要杀了她。当地舆论认为曾格校长以积极的态度处理这些突发事件，是一个敢于做出艰难决定的领导者。很幸运，这起事件得到了妥善的处理，媒体对此也多有赞誉。曾格校长做到了有问必答，仔细调查，当机立断。她和法律部门、中央办公室、家长、学生、职工、媒体的沟通也颇为有效。她充分考虑了家长、中央办公室和当地社会对于封锁学校的态度。除此之外，她还参考了学区制订的学校权利与责任手册，其中详尽规定了学校应如何处理学生未经允许私自离校事件，以及何时应封锁学校。

做出政策改变

有些校长们觉得，迫于学生的选择，他们不得不做出一些政策改变。校长们分享了一些他们在处理这种情况时的指导原则。正如第二章中所提到的，校长们都很重视并坚持学校委员会的相关政策，在此基础之上根据学生的意见建议修改现行政策。

处理校内潜在或真实存在武器威胁的小贴士

1. 快速调查。发动所有的校内管理人员收集相关信息，包括目击者的证词，并做出最佳决策。

2. 召集学校保安，在必要的时候寻求警方帮助。及时向中央办公室汇报情况。

3. 最大程度地保障学校及相关人员的利益。给学院发送邮件通报情况。

4. 制订详细的计划，保障学生的安全。尽快将学生转移到教室或者其他避难场所，远离可能发生危险的地方。

5. 一旦威胁解除，如果这起事件已经在全校范围造成了影响，例如学校封闭，那么尽快地通过家校通系统给学生们发送一则简短的消息，将可以公开的调查进度告诉他们。

6. 向中央办公室咨询如何与媒体沟通以及给家长发送语音留言。

7. 给家长发送语音留言，汇报事情处理进度。

8. 通过家校通系统向学生公开更多细节，然后给学院发送邮件，通知事情处理的完整过程及最终结果。

暂停学校舞会

我们不会取消部分舞会，然后让其他舞会照常进行。

——兰格里校长

在兰格里校长任职的马萨诸塞州的贵族学校里，学生们热衷于在周末的晚上参加学校舞会。但是最近，有两名学生由于过度饮酒，血液中酒精含量逼近临界值而被救护车带走。在此之后，兰格里校长决定暂停所有的学校舞会。虽然学校希望可以通过更加温和的手段避免类似事情再次发生，但是很明显学院里没有充足的人手可以在学校舞会中承担监护人的责任。学生们在舞池中表现得过于疯狂，也从来不会理会学院要求他们收敛的命令。出席舞会的学生数量从一开始的二百五十人锐减到了一百人，而且基本上一直是这一百人参加舞会。

最后，兰格里校长决定将舞会改在每学年的上半年举行。做出这个决定之前，她咨询了学院的其他老师以及她的管理团队。兰格里校长考虑了很多方面，但是最终，出于对学生人身安全的担忧，她还是做出了这个决定。

在兰格里校长的学校，不管是舞会还是其他活动，都必须遵从禁止在学校里饮酒的规定。同时这也说明了学校舞会是上流社会的活动，每一个参加者都应该保证自己得体的礼仪。喝醉或者拒绝听从相关人员对于不得体行为的劝阻都违背了这项政策。由于酗酒事件导致了舞会的暂停，对于学生体内酒精浓度的测试过程及相关规定也加入了学生手册。校方要求院学生会尽快出台一系列避免类似事情再度发生的措施。"在讨论是否要进行圣诞舞会时，我们产生了一些争论。之前的圣诞舞会都没出过什么岔子，但是在进行多次会议讨论之后，我们还是拒绝了进行圣诞舞会的提案。"除此之外，兰格里校长还取消了另一个颇受欢迎的交际舞会。校方认为，他们不会取消全部舞会，然后让其他舞会照常进行。

所有的秋季舞会都被取消了，指导学校委员会出台了新的处理方案。

暂停所有的舞会可能是比较激进的处理方法，但是随着安全问题的愈演愈烈以及学生们对于自己的危险行为屡教不改，兰格里校长不得不采取比较激进的处理方法。在此之后，舞会的时间都被重新安排，学生们也更加清楚地了解到了舞会上应当遵守的行为规范，而舞会的监护岗位也开始接受志愿者的报名。

如何找准政策变革时机的小贴士

1. 了解与政策变革相关的学校或者学区政策。

2. 修订政策的时候确保不会和法律法规相冲突。

3. 陈述变革的理由和遵循的原理，包括它可以给学校带来怎样的提升。

4. 思考这次变革和校长个人核心价值、学校的办学宗旨是否有所冲突。

5. 调查这个提案是否已经在校内或者学区内的其他学校实施。

6. 掌握变革的最佳时机。

7. 和其他校长交流经验。

8. 阅读第三章，在变革前掌握学校文化。

9. 将提案交与管理团队和学院讨论。

10. 利用学校提高小组，确保家长和学生按照计划配合变革。

11. 考虑变革对于学生以及学校整体的影响。

出勤方面的改革

> 当他进入职场，他不能再指望自己的父母可以帮忙请假。……学生们需要承担自己应负的责任。如果他们不给我打电话，我就不会允许他们进入校园。

——华莱士校长

在本章当中我们还会讨论的变革还包括出勤。华莱士校长就和我们分享了她曾经为了提高学生的学习积极性以及责任感而进行的出勤方面的改革。"保证出勤率是很重要的。如果你不能按时到校，那么请提前给我或者我的办公室打电话。我希望他们可以有一种责任感。"在这次变革中，最重要的一条就是不接受父母打来的请假电话，对于父母打过来的请假或者要求晚到一些的电话，华莱士校长都会先向他们表示感谢，然后再次要求学生自己打电话来请假。她的理由——"当他进入职场，他不能再指望自己的父母可以帮忙请假。90%的家长都同意我的观点。这是工作。学生们需要承担自己应负的责任。如果他们不给我打电话，我就不会允许他们进入校园。"如果学生们没有提前给华莱士校长打电话请假，他们就无法进入校园。在做出这个决定之前，华莱士校长综合考虑了学校文化、中央办公室的态度、师生之间的关系。这个变革看上去无关紧要，但是实际上，不允许家长代为请假以及没请假的学生不允许进入校园是一次比较激进的变革，也有可能遭到强烈的反对。

与此同时，华莱士校长也加强了促进就业工作的力度。她和当地的企业以及医院联系，寻求更多的实习岗位和机会。在华莱士校长到任之前，没有学生可以在毕业两年之内找到工作。她说："我告诉负责安排工作的老师，在年底之前我们需要二十五个工作岗位。我自己就雇用了两个学生，他们在办公室里帮忙。随之而来的是一种学校氛围的改变。每个人都在积极找工作，寻找实习的机会。"在和当地医院的管理层会面之后，医院决定雇用华莱士校长的学生做医生助手。除此之外，她还和当地的大学建立了新的合作项目，允许高中在校生提前修读大学学分课程。华莱士校长试图通过强调出勤在学生们的心中灌输责任，而这也正是那些雇主所看重的。

长期停学甚至开除：人性化执法

做出开除学生的决定是很难的，因为这个结果不能保证那个受处分学生的利益，也不能让其他学生的利益最大化。如果开除那个学生不能让其他学生得到好处，我就不会做出这个决定。

——曼宁校长

目前为止，涉及纪律处分的决策包括处理危机（由于种族隔阂引发的斗殴以及学校武器威胁）或者进行学校政策改革（暂时取消学校舞会以及改变考勤政策）。当处理那些无关于学校危机或者政策变革，却可能导致学生面临长期停学甚至开除的问题时，校长们将自己的心态描述为人性化执法。这也就是说，既要坚持学校委员会的相关政策来决定最终处理结果，又要考虑结果对于这个学生，还有学校整体会造成怎样的影响。北卡罗来纳州的亨利校长说，在他决定纪律处分的时候，一定会考虑这个结果对学生的影响。他会在这种同情心理和坚持学校委员会政策的原则之间权衡，尤其是在涉及酒精和嗑药的个案中。在亨利校长所在的县，第一次滥用药物或者酗酒将被处以校内停学或者短期停学处罚。另外的有关酒精或者药物的违规行为（不包括分发传播酒精及药物，这一行为的处罚结果会更重）则可能被处以长期停学的处罚。

曼宁校长分享了她处理一起和药物滥用相关的严重违纪事件。"做出开除学生的决定是很难的，因为这个结果不能保证那个受处分学生的利益，也不能让其他学生的利益最大化。如果开除那个学生不能让其他学生得到好处，我就不会做出这个决定。"曼宁校长所在的学区，开除比长期停学更加普遍。一开始，开除并不会将学生的学籍移出这个学区，或者移到另一个学区的学校里去。根据马萨诸塞州法律第七十一章，条文37H，拥有或者使用药物及酒精可能导致开除。而1993年的教育改革法案则进一步描述了在哪些情况下校长有权力开除学生。而马萨诸塞州法律第七十一章，条文37H中描述的场景就包括携带受管制的药物进入校园。

由于停学和开除都是很严重的纪律处分，并且会对学生的未来造成长远的影响，校长们对于发给学生和学院的处理通知都异常谨慎。他们会参考先例。类似的考虑在第六章中也会提到，比如该如何解雇一个颇受欢迎的教练。而保证同事同罚也是很重要的一点。学院里的成员和其他学生也会留意怎么样的情况才会引发停学或者开除之类的纪律处分。当做出停学和开除的纪律处分时，校长们需要估计它对于将来可能的违纪行为的警示作用，以及对整个学校的影响。

曼宁校长说，在过去的几年里，她逐渐意识到即使她做到了同事同罚，最后处理结果对于每个人的影响还是不同的。她曾经遇到过两个因为携带大麻而受到处罚的学生。但是没有足够的证据表明他们手上大麻的数量是否足以用来传递分发给其他学生。这两个学生都被开除了，但是他们受到的影响却完全不同：有一个孩子的家长有着充足的资源，最终让这个孩了进入了一所非常好的私人学校就读；但是对于另外一个，本可以进入一流大学却家境贫穷的学生来说，情况就要严峻许多。意识到这点之后，曼宁校长花了很多时间，试图帮助这个学生进入其他学区的学校里就读。所以实际上，在这种情况之下，校长本人提供了一定的帮助来消除学校处分带来的负面影响，确保学生可以在充满竞争的世界里保有一席之地。

校长们在做出停学或者开除处罚的时候，需要人性化执法。金校长对于这个观点表示了赞同。他会从较为人性化的角度考虑每一个纪律处分对于学生整体的影响。"我考虑的第一件事就是学生，不是一个或者两个学生，而是所有学生。因为这是在为之后的事情定下先例，有很多双眼睛会盯着接下来发生的事情。"金校长也会参考学院对于处理结果的态度。考虑到涉及对学生处理结果的隐私性和法律性质，他不要求老师参与这个过程。除了从人性化的角度考虑对学生的影响，金校长还会进行详细的调查，并查阅学校委员会地区政策规定。"如果老师们决定不停学，那么就像是当了一回侦探来调查事情的起因结果；如果最后决定停学，只要翻阅学生手册就可以定下处理结果。"最终，处理结果还是要根据学校政策来决定。

里昂校长分享了她处理涉及药物和武器的学生违纪事件的经验。有一个在她看来很有能力、性格也很活泼开朗的学生最终被处以停学一年的处罚。里昂校长说："我从来不会马上决定处分结果，我希望可以给学生留一些时间反思自己的行为。除非事态很紧急，比如9·11恐怖袭击，那么我会马上做决定。我会先进行调查，然后再做出决定。"给学生一个机会反思自己错误的选择是很重要的，吃一堑长一智，我们希望学生将来不会再犯类似的错误。

做出停学或开除纪律处分的小贴士

1. 将学生的行为和学生本人分离开来，按照学校政策和地区法律客观分析处理结果应当是什么。

2. 充分利用信息数据以及关键问题解决步骤仔细调查。

3. 人性化执法。

4. 考虑这个决定对学生本人以及学校整体的影响。

5. 寻找是否有类似先例，或者这次事件有没有详细的政策规定。

6. 严格遵守学区对于长期停学和开除规定的指导原则。

总结

这一章主要分析了校长针对学生的行为做出的一系列决定以及应当如何进行纪律处分。校长们描述了他们如何处理危机，长期停学或开除，以及对于法律法规和学校委员会出台的政策的严格遵守。有时候处理结果很直接，只要翻阅学生手册就可知晓。在其他案例中，则有很多耐人寻味的小细节和小差别。但是在所有的情况下，校长们都要从人性化的角度思考处分结果对于学生的影响。北卡罗来纳州的佩伯校长就提到，在管理学校多年之后，他终于明白了严格遵守学校委员会政策的意义。他运用常识来处理问题，寻求学校中其他人的建议，还会咨询中央办公室。最重要的是，校长们强调对于学校政策的人性化执法。马萨诸塞州的坎特雷尔校长说："我仍然记得自己做学生时候的感受，所以当我在做有关如何提高学生成绩或者处理学生违纪之类的决策的时候，我都会想起自己还是一个学生的时候。"

案例分析

阅读案例时，思考下列问题，为回答案例结尾处更为详细的问题做准备。

1. 总结发生的事情。

2. 列出你想要知道的其他细节。

3. 假设如果你是那所高中的校长，你会做出什么样的决定来处理这个问题。

案例分析 3：变形的年刊图片

海伦是一名十年级的学生，不久前转学去了莫兰特萨里高中并加入了陆上曲棍球队。没过多久，她就和班上的曼迪产生了矛盾，曼迪讨厌海伦主要是因为她觉得海伦和自己的男朋友有些暧昧。其实两个女孩子都属于学术型的人。曼迪是国家荣誉协会的成员，还是年刊的编辑。

曼迪联系了海伦，告诉她自己将负责编辑她的页面，但是她保证自己不会故意捣乱。几个月之后，印刷好的年刊在十年级的一次聚会上被分发给了所有同学。年刊拿到手的那天，海伦就发现自己的页面上有好几处错误，她的照片还有些变形，让她看起来有四五十磅重。照片纵向被缩短，横向则被拉长。而在另一张照片中，她的牙齿上有脏点。除此之外，在年刊中，她的名字还三次被拼错。斯特德曼校长叫停了年刊在九年级生和十一年级生中的分发，同时展开了全面的调查。年刊工作组中的好几个同学声称听到了曼迪背地里评论海伦。而年刊的负责老师莫贝在得知这件事之后十分惊讶。她检查了那些照片，认为这个变形应该是在电脑上编辑过的结果。

一开始，曼迪否认了自己故意扭曲海伦的照片，但是在听到其他人指认她在背后说海伦坏话之后还是承认了错误。有一个学生说曼迪在一节英语课上说海伦是"莫兰特萨里高中最胖的啦啦队队长，并且她会让所有人看到这一点"。而另一个学生则补充说曼迪知道海伦的名字被拼错了。随着校警也展开了调查，双方的家长都知道了这件事。海伦的家长决定提起正式的诉讼。一开始，海伦的父亲对于学校管理层的做法很失望，并且坚持如果之后他们还要和曼迪谈话，自己必须要在场。在和校长进行谈话之后，海伦的家长联系了警司办公室以及当地的电视台。他们并不想谴责学校，只是觉得很失望。助理警司要求斯特德曼校长停止校刊的发放，并进行了全面调查，仔细检查校刊的每一页上还有没有类似的歧视或侮辱性问题。

思考问题

1. 你会让曼迪接受怎样的纪律处分？理由是什么？

2. 你会怎样处理这件事的舆论影响？你会怎么和家长，还有学校里的其他人沟通？

3. 你会怎样为海伦提供支持？

4. 你会对学院以及教职工说什么？

5. 你觉得这件事会对十年级的学生造成什么样的影响？对于九年级学生和十一年级学生呢？

6. 对于年刊的发放你会怎么处理？

想要知道更多斯特德曼校长处理这件事的方法，请翻至后文解决对策部分。

案例分析 4：网上欺凌

豪厄尔博士是考文垂中部高中的校长。在十一月份，他收到了一封来自贾斯伯夫妇的邮件。在这封邮件中，贾斯伯夫妇说，他们相信豪厄尔校长对于他们的儿子马丁在学校里受到欺凌的事情已经有所耳闻。他们认为这种行为有违禁止歧视、骚扰、欺凌的学校政策。有一个名叫山姆的学生创建了"我们讨厌马丁"的脸书主页。在这个页面上，山姆写道："我号召所有讨厌马丁的人团结起来，这样他就会主动滚开。"除此之外，还有一个叫戴安娜的学生负责管理这个脸书小组，说道"希望马丁最后可以自杀"。贾斯伯夫妇觉得校长肯定对这些事情有所了解，所以他们希望知道山姆和戴安娜最后会受到怎样的纪律处分。他们还补充说，有一个周末戴安娜在商场里看见了马丁，还打了他。贾斯伯夫人说她和她的丈夫还没有决定是否要正式起诉戴安娜，他们希望可以知道学校会怎样处理这起事件。

贾斯伯夫妇让豪厄尔校长想起了六个月之前发生的一起类似事件。那时候是五月份，马丁也还是考文垂中部高中的学生。近来发生的事情逼得校长不得不有所动作。学生们纷纷在脸书主页上留言鼓励马丁自杀，甚至还对马丁什么时候自杀开了一个赌局。马丁因此患上了严重的抑郁症，接受了超过一个星期的入院治疗。作为他康复过程的一部分，马丁被要求制订一个完成学业的计划。他希望可以在一个没有敌对氛围的学校里重修自己的十一年级。最终，马丁成功地转学到了萨里格林高中。贾斯伯夫妇说，转学之后，马丁变得开心了许多，还交到了很多好朋友，学习成绩也有所提高。五月下旬，在马丁住院的那段时间里，贾斯伯夫妇向助理校长格雷女士以及布朗顾问报告了马丁经受网络欺凌以及骚扰的遭遇。如果格雷校长和布朗顾问有书面文件的话，他们想要一份复印件。在豪厄尔校长和助理校长讨论这件事的时候，格雷说贾斯伯夫妇提到了马丁将要转学到同学区的另外一所高中，并且已经住院的事情，但是他们没有详细说明转学或者住院的理由。然而实际上，贾斯伯夫人已经通过邮件将脸书账号的事情告诉了布朗，并且补充说她正在考虑联系其他学生的家长。而布朗没有把这封邮件的事情告诉格雷。

思考问题

1. 作为校长，你会问助理校长和顾问什么问题？

2. 对于脸书事件，你了解多少？

3. 你想要另外知道什么？

4. 你会给山姆和戴安娜怎样的纪律处分？

5. 脸书事件中有无减罪情节？

6. 你会让哪些人参与调查？

7. 你会对贾斯伯夫妇说什么？

8. 你会对马丁提供怎样的帮助？

9. 你会和马丁目前就读的萨里格林高中的校长说什么？

想要知道更多豪厄尔校长处理这件事的方法，请翻至后文"解决对策"部分。

第六章　关于学院及教职工的决策

我相信，作为一名校长，最重要的决定就是雇用谁。如果我能雇用到最好的人，那么我就避开了大部分问题。

——拜伦校长，马里兰州

当问及最艰难的决定，在二十一位接受采访的校长中，有二十个人选择的都是对学院以及教职工的评估。本章当中，我们将探讨校长在例行教室巡视中如何通过一个又一个的决定保证课堂教学的质量。同时，我们也会探索如何做出艰难决定，比如开除一个颇受欢迎的教练，解雇一个助理校长，削减预算以及教师岗位，以及委婉拒绝续签教师合约。

在做出令人饱受折磨的解雇或者不续签教职工的决定之前，校长必须先确保已经雇用了足够优秀的教师团队，并且享有足够的威望及师生的信任，否则接下来的一系列决定都可能会被误读。有几位校长和我们分享了他们对于非终身制老师做出的一系列决定，同时向这些老师提供了关于接下来该怎么做的建设性意见和支持，尤其是在教学改革的重要关口。

雇用最好的员工

　　校长们可以做得最好的决定之一是雇用最优秀的员工。那么，该如何做到这一点呢？首先，在得知由于退休或者辞职将产生职位空缺之后尽快开始招聘流程。大部分学区对于招聘老师都有一套固定的章程，会采用一些传统的招聘方法，比如在学区的官网上发布招聘信息，或者参与招聘会（如果你所在的地区仍然有招聘会）。而人际关系网比较好的校长也会通过和大学、其他学区、教会、校长同仁以及其他管理人员的信息渠道寻找适合的人选。

　　其次，在面试过程当中，建议让部门负责人、年级组长以及招聘团队的其他老师都参与制订面试的问题。这些问题应该致力于揭示老师的知识水平、教学热情，以及是否能融入这个集体。最后，留出一些时间阅读老师们的介绍信，并且在可能的情况下，让候选人在学校里尝试着上一节课。有很多老师在面试中会表现得非常好，但是这种优秀的表现却不一定能带到课堂中去。

　　在做校长的时候，我有一次碰到了岗位提升之后出现的教师职位空缺的问题。那时候恰好是学年中间，我知道在这个时间点很难拥有最好的人选。所以当我们找到了来自临近学区的一所著名公立高中的一位很有教学经验的老师，我们马上雇用了她。但是很不幸的是，虽然在面试中她的表现很好，但实际掌管一个班级时却表现得一塌糊涂。学校里学生的多样性让她极度不适应，而对于那些中下的学生，她更是直接消极对待。幸运的是，我们学区对于在学年中间雇用的老师允许签订短期合同。所以在下一年，我们没有继续雇用她。在传统的春季招聘期往往会遇到更好的人选。

如果有人在学期中间辞职或者退休，咨询人力资源部门是否有机会签订为期一年的短期合同。如果我们事先让这个老师尝试着去教一节课，那么我们就可能及时发现她在管理课堂纪律上的短板。

营造充满人文关怀的学校氛围

如果老师不开心的话，没人会开心。

——亚当校长

在建立积极向上的学校文化中，雇用最优秀的教师团队是很重要的一部分。而在此之后，如何让新雇用的成员尽快融入学校这个大集体又是一个崭新的挑战。拜伦校长说："我根据每个人的相关才能决定是否要雇用他。我不知道一个人有没有高超的教学技巧，但是我对于他能否和孩子们建立良好的关系有大概的估计。教学技巧的不足可以培养，但是我没办法教会一个人如何去关心孩子。"亚当校长则进一步说明了把建立师生良好关系放在第一位的老师有利于学校良好氛围的营造。对于拜伦校长来说，在招聘老师的时候，这一点是决定性因素。

而对于我来说，虽然这一点不一定是最重要的，但确实很关键。在确定面试问题的时候，里面就会有问到关于在不同场景下如何与学生建立良好的关系。在面试的过程中，我也逐渐意识到如果师生之间不能建立积极正面的互相信任的关系，那么学生会拒绝听课。

亚当校长详细说明了自己是如何维持学校中积极向上的气氛的：

如果老师不开心的话，没人会开心。老师不开心的时候你是可以感觉到的。同样，积极向上的学校氛围也是可以感受到的。我负责的大部分事情都是交给学校里的其他人去做的。他们要不就无偿帮我，要不就收取微薄到可笑的报酬。所以每个月我都会为老师们做一些什么，让他们知道我很感谢他们一直以来的付出。

亚当校长说，在参加了一个会议之后他又知道了一些很好的点子。在会议上，谷歌的负责人讲述了一个健康的员工可以带来生产率的提高。于是亚当校长申请到了一笔用于提高教师身体素质的拨款，购置了大约价值五千美元的健身器材，包括两个椭圆机。教师们可以在开放时间内随意使用这些器材。他很自豪地说，有了这些器材，他的教师们都可以不用买健身房的会员卡了。如果老师们觉得自己的工作是一个悲剧，那么学生们也不可能从这些老师身上学到太多东西。所以校长们还是应当尽力为老师创造一个愉悦、舒适的工作环境。教师感谢周就是比较常见的用于给学生和校长创造机会以表达对老师的感激之情。我在第二章就曾提到，我的核心价值之一就是建立良好的人际关系。在我做决定的时候，我希望老师们能觉得自己是受到尊重和关照的。那些艰难棘手的决定只能在充满人文关怀的环境中做出，否则很容易会被曲解为报复性的惩罚行为。

解雇教练应当遵循的步骤

1. 简单评估你的核心价值，学校的核心价值，以及教练的核心价值。它们彼此之间有无冲突？

2. 为了胜利，是否可以牺牲运动员的尊严？

3. 你是否获得了负责人、学校委员会以及师生的支持？

4. 准确表述你解雇这个教练的原因，但是出于合同义务，这些原因你自己知道就好，不需要告诉教练。

5. 思考他人会怎样看待你的决定。

6. 你是否有很强烈的想法希望可以解雇这个教练？甚至到了如果他被再次雇用，你宁可自己辞职的程度？

7. 如果你的心里有一丝矛盾情绪，思考是否有其他可行选择，比如暂时停职，发警告信，等等。

8. 制订计划。接下来应该如何与学生、家长以及媒体沟通。

9. 匀出一部分时间来和家长学生进行单独或者集体会面。

10. 做好心理准备。你很有可能遭到当地报纸，学生报纸，甚至学校委员会和脸书等社交网络的激烈反对和攻击。

11. 如果你仍然坚持这是最好的选择，那么就解雇他。

解雇颇受欢迎的教练

如果学校领导没能得到负责人和学校委员会的支持，那么他就必须得做好在反对声音日益高涨的时候被迫改变决定的准备。

这一节讨论的内容包括校长在解雇一个颇受欢迎的教练或者助理校长时需要考虑的因素以及影响。管理岗位和教练员是学校日常运行非常重要的组成部分。确保这些岗位上雇用的都是最合适的人选是校长的责任所在。相对而言，校长可能碰到的最棘手的决定之一就是解雇一个教练。教练往往服务于全校的学生，那些曾经参加过他组织的游戏或者是训练队中一员的学生会觉得自己和教练是紧密相连的。有些教练已经工作了几十年，所以他们和学生运动员的关系异常亲密。此外，所有和教练相关的决定都带有公众性，很有可能引起媒体的关注。让这个教练继续工作的代价必须远高于校长解雇他所担负的风险。那么，校长应该怎样权衡利弊呢？

两个专业的校长分享了他们解雇高知名度教练的经历。在第一个例子中，凯德泊里校长认为学生整体利益的最大化比拥有一支冠军篮球队要重要得多。这个教练太过于强调获得胜利，反而忽视了那些运动员本身。克莱德教练很强势，队内训练也充满对抗性，如果运动员犯了错，他就会冲他们大吼，挖苦嘲讽。克莱德教练的父亲是当地带有传奇色彩的教练。他之前是一名运动员，还是美国职业足球联盟的教练。凯德泊里校长要做出解雇克莱德教练的决定真的很难。但是他认为，如果他继续让克莱德教练在学校里任职，他就不能被称为一个称职的校长。

在衡量克莱德教练的政治影响力的时候，凯德泊里校长首先在教师中询问了谁有意向担任篮球队的教练。克莱德教练不是老师，所以这个职位一直空缺着。但是有资格担任教练的老师都表示他们不敢申请担任教练。最后，凯德泊里校长终于清晰意识到了事情的走向越来越糟，只能解雇了克莱德教练。凯德泊里校长说，他相信这次解雇可以向自己的教职工传递正确的价值导向，所有的学生都应当得到关照和爱护。而充满讽刺意味的是，凯德泊里校长是按照克莱德教练的父亲所制订的中央办公室指导原则，先任命了一个临时的教练，然后从教师当中挑选了一个人填补空缺。

而不出意料的，凯德泊里校长的决定遭到了很多批评。"我付出了巨大的政治代价，有很多校外人士也在批评我。但我觉得这是一个正确的决定。而且事实证明即使没有他，我们也照样进入了季后赛的第二轮。"凯德泊里校长说他并不是盲目地做出这个决定的。他仔细地分析了可能付出的政治代价，但是更重要的是，他分析了自己管理学校的方式。做出这个决定之后他感到了解脱，但是随之而来还有很多的挑战。他需要努力消除解雇一个高知名度的体育教练所带来的负面影响。

校长不能轻易做出解雇一个教练的决定。你必须有充分的理由，并且把这个理由清晰传递给其他人。在决定解雇克莱德教练之前，凯德泊里校长咨询了中央办公室，询问他这个决定会不会得到办公室的支持，并且在确定他得到了支持之后才坚定了解雇的念头。校长们应当提前设想好这个决定可能带来的各种后果，只有这样，在面对愤怒的家长、老师和学生的时候才可以有所准备，从容不迫。

北卡罗来纳州的亨利校长分享了他解雇一个足球教练的经验。布里奇曾经在亨利校长的学校里担任教练以及体育课的老师。亨利校长说，他做出这个决定是为了改变足球项目的发展方向，而布里奇教练也留任了体育课的老师。亨利校长很明智地只向布里奇教练说明了部分原因。当他通知布里奇教练接下来不能再执教足球队的时候，给出的解释是自己希望足球项目可以改变一下发展方向。他是这样描述自己的决定带来的影响的："我解雇了我的足球队教练。这个决定比我原先预想得要复杂得多。可能是我遇到过的最折磨人的事情了。不管是生活中还是工作中，都是我经历过的最艰难的一段时间。"

亨利说他知道他想要做什么，也这么去做了，但是他没有想到接下来会发生什么。在他解雇了足球教练之后，有些人联系上他的妻子，给她发送短信推荐下一任教练人选。解雇的决定是在圣诞节假期之前做出的，所以整个假期亨利校长都被举荐电话和短信轰炸着。他终于意识到了足球在北卡罗来纳州就像它在得克萨斯州一样重要。亨利校长的学校已经建校超过五十年了。在他看来，学校里的学生实际上从出身和经济实力上被分割成了两个阶级。有很多人向他施压要求他改变决定。当他们意识到亨利校长不会改变决定之后，这种施压就变成了威胁和骚扰电话。

解雇一个教练这样的决定必然会伴随着无数的争议和批评，无论是学校里其他成员的态度还是学校委员会和上级的意见。与此同时，校长还要留出很多时间来处理那些来自于愤怒的家长、学生、学院、教职工、媒体的邮件、电话，甚至会面。在两个案例中，凯德泊里校长和亨利校长都是在不得已的情况之下做出的这个决定，并且坚信没有其他的路可走。这个决定本身不难，但是做出决定之后面临的其他决定才是真正棘手的。

如何对教职工进行评估：需要考虑的因素

1. 利用关键问题处理步骤。

2. 反思核心价值。

3. 考虑它对于其他人的影响。

4. 分析全局。

5. 咨询他人。

校长们必须坚信这个决定是正确的，只有这样，在受到质疑的时候才能保持自信，并且即使面对巨大的压力也不改初衷。在这些案例中，校长们充分利用了关键问题处理的三个要点：信息，提高，以及利益相关者。

他们收集关于教练平时表现的信息，分析可能的制约因素，比如地区政策以及法律，最后寻找可行方案。他们分析决策可能带来的长期影响，勇于面对随之而来的争议，并且从不同的利益相关者的角度来看待问题。除此之外，他们还会分析这件事和自己核心价值的相关程度，评估它对于学校文化的影响，从大局角度分析教练与学校的契合程度，判断对学生和学校整体的影响，并咨询中央办公室。而在考虑解雇助理校长时，大概也是遵循以上步骤。

解雇固执己见的助理校长

助理校长和老师之间有特殊的化学反应是很重要的。助理校长必须有能力建立良好的人际关系，并且有一定的沟通水平。虽然学校管理层的主要职责是管理学校的日常运行，但是这同样是个服务岗位。助理校长需要时刻牢记服务老师。校长负责描绘学校蓝图，而助理校长就应该按照这个蓝图不断努力。

罗林斯校长曾经解雇过一个掣肘他营造良好学校氛围进程的助理校长。虽然他很喜欢巴西特先生，但是他不断地收到报告，举报巴西特先生的行为举止实在伤人。那是巴西特做助理校长的第一年，也是罗林斯校长就任的第二年。当罗林斯校长告诉巴西特这件事的时候，他听到了一个完全不一样的故事。巴西特说有几个人专门和他作对，所以他才会被举报。罗林斯注意到巴西特喜欢用命令式的语气，而且连一些细枝末节的事情也要管。巴西特会很直接地要求职员们服从命令，并且拒绝提供理由。他正在脱离整个团队。"有一天，他终于难以保持冷静，当着一个下属的面大吼大叫。他对于自己的行为毫无悔意。但这确实是反应过度了。我觉得如果再让他干下去，整个团队都会分崩离析。于是，我给他放了一个行政假。"

一般而言，助理校长都是签订合同的，并且不会终身任职。但是解雇助理校长仍然需要遵守合同规则。解雇教练员的一部分原因是出于他们对学校氛围的负面影响。而出于类似的原因，校长们也会选择解雇一个助理校长。这是一个艰难的决定，但是如果助理校长真的和学校文化格格不入，那么也只能选择解雇。

削减教师财政预算的小贴士

1. 检查人员安排，确保教室实际大小和规定预算的法律及应负担的课容量相吻合。

2. 对于高中来说，可取消那些申请人数少并且不会影响高三学生正常毕业的课程。

3. 重新阅读每个老师的档案，如果他们的开班被取消了，则按照档案上所记录的资质安排至另外班级。

4. 确定你的核心价值及办学宗旨，按需合理分配活动经费。

5. 确保财政预算的削减不会给特定群体的学生带来过多负面影响，尤其是表现本就在中下的学生。

6. 为中下游的学生开设的班级人数越少越好。

7. 在做出解雇或者不续聘的决定时遵守教师任期法规，并向人力资源部寻求建议。

8. 检查开设的项目，确定解雇一个或者更多老师是否会影响到特定项目的开设。（比如解雇德语老师可能会影响到德语项目的正常进行）

9. 给出合理的、经过周全考虑得出的理由。

削减教师岗位

你必须思考怎样削减经费才会带来少的伤害。

——坎特雷尔校长

除了雇用最优秀的教职工，通过任命合适的教练和管理人员在学校中营造充满人文关怀的氛围之外，校长同样需要根据学校需要什么以及需要的东西价值来决定钱应该怎样花。当经费的削减已经无法避免，它至少不能有悖于学校的办学宗旨或者导致学校的项目无法正常开展。注重艺术和音乐的学校应当保证财政削减不会砍掉那些基础性的项目。正如罗林斯校长所说："每一分预算都应该花在刀刃上——那些值得你花费时间和金钱的地方。如果一个学校说自己在教育方面做得很好，但是你看了一下他们的经费，没有一点是用于开设大学预科课程的。"对于高中来说，投资大学预科课程是对于大学预备教育的支持。真正的支持可以通过校长花费的时间和金钱直接衡量出来。在必须有所取舍、有所牺牲的时候，课程设置合同、课堂规模要求、规定经费分配的法律都会对校长的决定产生约束。而对于那些可以任意处置的资金，怎么分配就完全取决于校长最重视哪一方面了。当我还是一个初级校长的时候，我将可任意处置资金用于帮助那些跟不上课程进度的学生。我相信只有在一个学校最差的学生也能在学业上取得成功的时候，那个学校才是在不断进步的。所以我就把这部分资金用在了我最在乎的事情上。而来自北卡罗来纳州的爱德华校长则在过去的两年里已经削减了两个教师岗位。他已经是一个有着十一年工作经验的资深校长了，并且很注重经费削减对于教职工的影响。同时，对于预算削减可能引起的来自家长、学生和其他老师的反对他也有所准备。爱德华校长说，在削减岗位之前，他一定会想办法弥补这一部分的工作空缺，比如在必要的时候调换其他老师的岗位。他可能会将一个有资格教授科学课程的数学老师换到科学课上去。他也会翻阅课程注册表，这样的话就不会发生他解雇了一个数学老师，然后有一个班级的数学课不得已扩容到三十二个人之类的事情。他知道削减经费的决定不会受到大家的欢迎，他会因此受到很多情绪化的反对。对于老师和家长的抨击批评他也有一定的心理准备。爱德华校长说，他根据自己最珍视的东西来决定经费的分配——他在学生利益最大化的前提之下考虑预算削减的人文影响、其他选择以及对学校教学任务的影响。我也曾经是一名校长，关心自己的老师，也很感谢他们将自己的一生奉献于小学事业。决定解雇一个老师真的可以让人觉得很痛心、很不舍，尤其是当这个老师是一个受人尊敬的好老师的时候。所以绝对不能武断地做出削减经费的决定。只有这样，当有人质疑你的决定的时候，你才可以提供有理有据的、经过周全思考得出的理由。

当经费不断缩减的时候，校长们不得不面临解雇谁的艰难决定。这个决定真的很难做，因为它不能简单地根据校长的好恶或者学校的宗旨去得出结论，而要根据相关的法律法规，"最后一个雇用的人第一个被解雇"。坎特雷尔校长说："你必须思考怎样削减经费才会带来少的伤害。我会提前思考这个问题，这样的话，当有一天经费短缺的问题现实存在而我没有足够的时间去反复斟酌自己的选择时，我至少知道自己首先要考虑什么，最看重什么。"

坎特雷尔校长提到了她最近一次在两个人选中抉择的经历。有一个叫桑托斯的拉丁裔的男老师，他已经在这个学校任职五年了。而另一个则是拜仁老师，罗宾斯，她在这个学校教书十二年了。如果削减罗宾斯的岗位，学校还可以正常运转。而桑托斯老师则在拉丁美洲学生的教学上起着至关重要的作用，并且致力于消除学校里的种族歧视。坎特雷尔校长说桑托斯老师对于学校的文化有着重大影响。但是由于他的任职年份较短，按照法律，坎特雷尔校长不得不解雇他。在削减了这个岗位之后，学校里再也没有其他的拉丁裔男职工了。学院和学生们对于这个决定非常难过，但尊重坎特雷尔校长的选择。

坎特雷尔校长制订了另外一个经费预算计划。学校里有一个患有慢性病的终身职位的老师。她没有削减这个岗位，但是缩短了工作时段。为保障她的健康，这位老师只需要在规定的时间内工作。但是最后这个老师还是决定辞职。在那一学年里，还有四个岗位也被削减。

以上分享的经验大致描述了校长们在不得不削减岗位时所面对的情形，很多情况下校长并不能保证在每个岗位上都是最合适的人选。而有些时候，校长还会出于教职工的个人原因解雇他们。这些可能影响他人一辈子的决定真的会让人不忍心。校长应当尽可能多地收集信息，让自己的决策有理有据，带有人文关怀。而对于职工们可能的反对也要有心理准备，因为牵涉到个人隐私，决策的细节并不能对外公开。除此之外，校长还需要把握这类决策对于教职工士气的影响，以及如何与学院有效沟通。坎特雷尔校长还补充说，她会认真考虑如何用手头上有限的经费和资源保证核心项目的照常运转。

校长们努力根据自己的核心价值以及学校的办学宗旨来决定关于预算

的事项。他们同样会考虑这些决定的人文影响以及教职工、家长和学生可能的反对意见。有时候他们的决定会根据相关的法律法规以及中央办公室的指导原则。校长们收集信息，审视大局，并且思考经费削减对于选课的可能影响。

管理课堂教学

一个校长应该怎样安排自己的时间。如果把大量的时间花在管理上，那么他的心里想的也就是如何管理学校。

——罗林斯校长

校长们还需要做出一系列关于教学督导的决定。教学督导包括管理课堂教学，以及与他人合作，对不称职的老师，尤其是没有终身职位的老师进行评估。在进行教学督导以及做出不续聘的决定时，校长需要思考自己的核心价值，学校文化，人文影响，还要分析大局，并咨询他人。罗林斯校长对于自己花在教学督导上的时间是这样说的：

一个校长应该怎样安排自己的时间？如果把大量的时间花在管理上，那么他的心里想的也就是如何管理学校。大概两年之前，我决定在每周三的时候培训老师如何在一天之内上四节课。我会对他们进行正式和非正式的观察。

想要真正做好一个校长，就必须花时间进行管理。高中的校长可能会花一整天时间进行训导和管理，所以必须将教学督导置于优先地位，否则可能一整天下来校长都不会有时间进行教室巡查。我的核心价值之一就是时刻将学生的利益放在心中，所以教学监督是我日常工作的重要组成部分。为了保证足够的时间，我决定每天早上的第一件事就是进行教室巡查。一般情况下，早上的工作内容都会比较轻松，至少开始的头两个小时是这样的。而在午餐之后，我就很难再找到时间去教室了。在我看来，教室巡查是必须完成的任务。除非有紧急情况，否则我在教室里的时候一定会把手机调成静音，避免打扰正常的课堂教学。

在进行教室巡查的时候，你可以很轻易地将最好的老师、普通的老师和不称职的老师区分开来。专业的校长很清楚优秀的课堂教学是怎么样的。他们会通过教室巡查有效地管理课堂教学。有时候教室巡查是简单而随意的，但是系统的教室巡查可能就会包括对教师的评估和反馈。教室巡查一般持续五到十五分钟。

对不称职的老师进行评估

我第一年当校长的时候，我遇到最艰难的决定，那时候我有二十六个员工，我决定裁掉其中十二人。这个决定其实不仅仅是关于裁员，而是我是不是真的已经下定决心要彻底改变这个学校的文化。

——罗德里格斯校长

在进行教室巡查的时候，专业的校长会评估整个学院的情况，并列出不称职的教师名单。在一年之内对四个以上的表现不称职的老师进行评估可能需要花上好几个小时进行观察，在会议之前或者之后讨论，还要仔细组织评估表上的语言让老师意识到你对于他的表现并不满意。校长必须在规定的截止日期之前进行评估，如果你的学校有工会组织，你可能还会面临工会的质询。专业的校长清楚地意识到解雇不称职的老师必须认真遵守学区的评估标准，也不能超过期限。解雇不称职的老师只会让学校变得更好。然而，认真评估一个不称职的老师可能要花上比想象中很多的时间。罗德里格斯校长说：

> 我第一年当校长的时候，我遇到最艰难的决定，那时候我有二十六个员工，我决定裁掉其中十二人。这个决定其实不仅仅是关于裁员，而是我是不是真的已经下定决心要彻底改变这个学校的文化。他们都是有终身职位的老师，有两个人还是工会代表。没有一个人选择仲裁。我将自己所有的精力都投入了这件事。那时候我还很年轻，也没什么经验。那是我第一年当校长。那十二个人都选择了离职。助理校长甚至在做出这个决定之前就主动离职了。到目前为止，还没有人因为不服我的评估而选择仲裁。

那时候，在那个小小的城市学校中，罗德里格斯校长面临着比较特殊的情况而不得不马上做出人事变动。评估这个词不仅意味着要对老师进行评估，更意味着结果是对不称职或者平庸的老师的辞退和不续聘。在我做校长的时候，我会对表现中下的老师进行仔细而频繁的评估，保证每一学年这部分老师都可以被筛选出来。我没有什么一次性解雇十二个人的雄心壮志，但是既然助理校长也参与分担了这部分工作，每一个管理者每年应当能够找出至少两到三名不合格的老师。对教师进行评估的目的不是褒奖那些优秀的老师，而是给那些表现有待提高的老师定期提供反馈和建议，从而保证整个教师团队的高质量。筛除不称职的老师对于学校文化有着深刻影响。一般而言，我们不建议校长在上任的第一年就开始这项工作，除非是在极端情况下不得已而为之。

提升教师团队的水平是首要目的：校长必须充分关心学校，教师以及学生的发展情况，而不仅仅是开除一部分人。解雇不称职的老师时所面临的挑战之一就是其对于学校文化的影响。如果这件事没有得到妥善的处理，不信任感和恐惧会在学校里弥漫，人人自危，甚至连很优秀的教师都在担心会不会一觉醒来就失去了工作。在对学校的气氛进行大致评估之后，是否需要变革就会有一个清晰的结论。是否需要变革，又在何时何地怎样进行变革都需要在对时机、学校文化、可支配的资源、目标、中央办公室的和教师的态度以及一系列互相影响的因素进行彻底的分析之后才能得出。（如果想了解更多关于变革时需要考虑的因素，详见第三章）除了反思管理课堂教学时需要坚持的核心价值，考虑教师评估对学校文化的影响，分析人事变动对高水平教师的影响。在进行评估的时候适当地咨询他人也很重要。

与他人合作进行评估

通过与教练以及管理团队中的其他人合作，校长们对于表现不合格的教师每周按时进行评估。按照学区的要求，空余的时间和参与评估流程的助理校长和教练人数，校长们需要提前决定评估的次数和总工作量。一般情况下，教练不会参加评估的工作，但是有威望的教练可以帮助校长分辨出表现不合格的老师，并且增加在那些老师课堂上进行巡查的次数。除了硬性规定的每年三到四次的评估调查，不定期的每周抽查更为重要。再有一些州府，对于评估调查的次数上限是有所限制的。因此，校长们也需要提前了解这方面的规定。

曼宁校长是一个管理着一百五十名教职工的校长，她决定将入职不满三年而平日里表现有所不足的教师作为重点观察对象。从九月份到十一月份，她每月都会对他们的课堂进行一次巡查。曼宁校长说，最近她想不续聘学校里名为希利的一个老师。她知道做出这个决定很艰难，因为它对于一个人的生活和职业前景会有重大影响。她试图从学生的角度思考问题。她相信学生们值得最好的老师。每一次在希利老师的课堂旁听之后，她都会及时给他反馈，同时学校里的教学项目负责人也会来到希利老师的课堂并提出一些建议。

曼宁校长分享了她对于希利老师的英语课的观察和看法。希利老师的英语课上基本都是非白人的男学生。她很奇怪地问道："你要怎样才能做到在谈论詹姆斯·鲍德温的时候让所有学生都睡着？在之前的两年里，没有人给过他建议。"曼宁校长承认希利老师本应该更早得到这些建议，但是如果他在工作上可以更努力一些，学生们也不至于觉得如此无聊。曼宁校长决定开诚布公地和他谈一谈，也让他有所心理准备，因为他的表现实在是糟透了。希利老师很惊讶，也觉得很沮丧。得知这件事之后，希利老师的同事们代表他给曼宁校长发了很多邮件，而工会代表也要求约谈曼宁校长。虽然曼宁校长答应了工会的约谈要求并表示一定会认真倾听，但是关于希利老师的表现，她无可奉告。对于自己的决定，曼宁校长相信是正确的。

想到自己的团队里已经有很多较为平庸的教师，曼宁校长觉得自己不可以再招纳更多这样的人了。她强调如果自己要雇用临时老师，那么这些老师必须是最顶尖的。在她刚开始当校长的时候，她曾经放任一批不称职的老师蒙混过关，现在他们都变成了有终身职位的老师。想要让学生们取得进步，就必须有最优秀的教师团队。在她看来，自己正变得越来越严苛。她还曾经劝导一些有终身职位的老师自己选择辞职。她告诉那些老师："你们根本达不到我的要求，所以摆在你面前只有两条路，被解雇，或者自己辞职。"大部分人都选择了辞职。站在老师的对立面无可避免地会引来很多矛盾。即使有些老师对于自己的水平有着清楚的认知，在收到充斥着批评的反馈时，大部分人都会很惊讶。虽然短时间内做出解雇的决定可能很困难，也会引起风波，但是从长远来看，只有这样才能保证学生的利益和学校的发展。为了成功完成整个过程，校长在收集信息时必须小心翼翼，同时遵守州府的劳工法和学区的指导原则。让教练、助理校长和部门负责人参与这个过程也会大大减轻校长的负担。在决策的过程中可能多有冒险之举，但是校长仍应权衡它的影响，考虑一旦做出这个决定，其他老师会如何看待自己的同僚被解雇这件事。在每一个新学年开始的时候，我都会将那些没有终身职位的老师定为首要考核对象，尤其是刚开始教学生涯不到两年的新手老师。

将没有终身职位的老师定为首要考核对象

曼宁校长知道做出这个决定很艰难，因为它对于一个人的生活和职业前景会有重大影响。她试图从学生的角度思考问题。她相信学生们值得最好的老师。

有几位校长谈到了他们会将没有终身职位的老师定为首要考核对象，

进行教室巡查，并且提供口头和书面反馈。亨尼根老师曾经在华莱士校长的学校里任职。他的表现一直不尽如人意，并且那是他到任的第三年。亨尼根老师很少制订教学计划，也没有花时间营造一个引人入胜的课堂氛围。开始校长生涯的第一月，华莱士校长就注意到了亨尼根老师并不适合这个学校。华莱士校长七次旁听亨尼根老师的课堂，并提供了相应的反馈。在进行面对面会谈的时候，华莱士校长质问他到底有没有真正想做的事情。学生们根本就没有在听亨尼根老师讲的东西。会谈之后的第二天，亨尼根老师递上了自己的辞呈，并且表示自己没有办法达到华莱士校长的要求。校长们在面对冲突和思考发展前景的时候利用的关键问题处理步骤之一就是提升。为了让表现中庸的老师有所进步，华莱士校长不介意直面冲突。有时候向老师们提供建设性的意见是很难的，尤其是当这些意见意味着根本性的教学方法调整的时候。管理课堂教学时，校长们需要清晰判断这些教师能否有效开展课堂教学，以及他们的表现在将来是会进步还是退步。一旦这些老师拥有了终身职位，这就意味着学校和学区向他做出了一个长期承诺。华莱士校长在做出评估时同样很重视信息数据的作用。

在马里兰州和马萨诸塞州，教师在任教三年之后就会自动享有终身职位。2013年时，北卡罗来纳州的立法会通过相关法律，终止教师终身制。有超过五十所的学校对此表示了反对。北卡罗来纳州教育者联合会和一些联合起来的老师分别提起了诉讼，而在这两个案子中，最终法官都做出了该法案违宪的判决。而目前，关于这个法案存在的合理性仍然留有争议，而立法者也在考虑对判决进行上诉。在这个法案出台之前，在北卡罗来纳州，教师们在任职四年之后就可以享有终身职位。所以及时对没有终身职位的新手老师进行评估是很重要的。一般而言，在头两年进行评估是最佳时机。当他们的教学生涯进入第三年的时候，教师们往往倾向于认为自己的教学方式是卓有成效的，这时候再想对已经形成习惯的教学方式进行修改就很难了。所以，在头两年的时间里，要给新来的老师们提供定期、详细的反馈。

北卡罗来纳州的佩伯校长同样很忠实地对没有终身职位的老师进行评估。今年，佩伯校长就决定解雇一个出勤率糟糕且从不备课的老师。这是她第一年当老师，校方和她签订的合约也是一年制的。有一次她为了拉开两个正在打架的学生而受伤，然后申请了工伤补贴。虽然最后她的申请被拒绝了，但是她因此缺勤了两个月，就把处于考试期的学生们留给了代课老师不管不顾。从长远来看，佩伯校长相信自己解雇她的决定是正确的，并且很幸运的是，这个老师的合约只有一年，所以解雇手续并不复杂。曼宁校长和佩伯校长都时刻留意着自己团队里表现中庸的那部分老师，并且充分利用了关键问题处理步骤。信息数据和团队的提升都是他们所重视的。

老师们必须充分理解校长的治学理念，而不仅仅是止步于教学评估本身。在我做校长的时候，我会在每一学年的开始确认每个老师手上都有一本教学评估手册，清楚了解他们的权利和评估的流程，并且了解在我进行教室巡查的时候希望看到些什么：学生们有没有投入到课堂中去？时间有没有被有效利用？老师是否营造了井然有序的教室环境？老师的专业水平是否合格？有没有清楚的教案？老师是否培养了学生的批判性思维和解决问题的能力？是否促进学生学习思考并提供了详细的反馈？师生之间有没有建立互相信任的良性关系？

虽然高中的校长们可能已经意识到了给予教学指导的重要性，但是他们往往会忽视每一个部门中具体的教学进度和教学内容。一个人很难同时精通德语、物理、微积分和世界历史。我会在每一次教室巡查后的十天之内向老师们提供一份正式的意见反馈，而在离开教室之前，我也会留下自己的书面反馈。

总结

在决定进行深入的教学评估之前，校长们需要决定让这个老师留任是否有利于学生利益的最大化。校长们同样需要考虑州府的劳工法，学区的政策以及非终身职位的时限。如果确定要进行深入的教学评估，校长需要思考这个决定可能造成的影响，尤其是对老师们的影响。在拟定解雇的文件时，还需要咨询人力资源部门。校长们需要确定评估的对象、目的、标准，更不能吝啬对非终身职位老师进行评估的时间。

案例分析

尽管本章大部分的内容都在关注非终身制教师的问题，但是这并不意味着那些表现不佳的终身制教师的问题就可以被放任不管。相反，对于终身制教师的评估会是一个更加复杂和漫长的过程。这个过程还需要人力资源部门和法律团队的参与。解雇一个表现不佳的终身制教师往往需要花上两年甚至更长的时间。当被问及他们所需要做的最困难和最复杂的决定是什么时，受访的二十一位校长中有二十位提到了员工问题。而在校长们所需要处理的员工问题中，对于表现不佳的终身制教师的监管问题则很可能是最困难的。当阅读下列的案例时，请思考一下，如果你是校长，你将会如何解决这些问题。

案例分析 5：教师无视地区政策

　　欧文是一位享受终身制待遇的教师。他在曾格校长的学校教英语已经六年了。欧文很年轻、很有风度，在学生当中也很受欢迎。曾格校长雇用欧文来她郊区的贵族高中任教的初衷是想使她的教师团队的人员组成更加多样化，引进更多的年轻人到学校来。曾格校长的一项主要工作是解决成绩差异的问题。欧文很支持她的这一项工作。然而，欧文在学校的表现却不尽如人意。曾格校长将欧文先生描述为一名平庸的教师。欧文经常迟到，也经常没有做好课前的准备工作。欧文先生第一次出问题时，他正在上一堂莎士比亚戏剧的课并打算把戏剧中一个场景表演出来。在课堂上，欧文问他的学生是否有一把刀，然后一位学生就拿出了一把折叠刀。尽管欧文很清楚关于刀具管理的学校政策，但他还是把那把刀还给了那个学生。曾格校长恰巧看到了欧文先生的这一举动，并采取了适当的措施。

　　两年后，欧文的教室里有一张坏了的桌子。当学生们走进教室里时，欧文问他的学生是否有人带了一把螺丝刀。一个学生说，她没有螺丝刀但是她有一把瑞士军刀。欧文让那个学生保管好那把瑞士军刀，然后他又把那个学生带到了助理校长的办公室。曾格校长为此对欧文糟糕的判断力表示了担忧。当那个学生在助理校长的办公室时，她接受了搜身检查，助理校长在那个学生的身上发现了大麻。后来，那位学生的家长质疑女儿接受搜身的原因，同时对学校行政部门这一举措可能带来的后果产生了疑问。曾格校长对于欧文接下来该怎么做极其担心，同时也对欧文的行为可能对她学校的学生产生的影响十分地担心。

在第二件事发生一个月后，欧文正在审查一次考试的成绩。他要求那些在考试中填错了问题答案的学生做俯卧撑。其中一个接受了个别化教育计划的学生被欧文要求做了超过四十个的俯卧撑。那个孩子的家长强烈抱怨了他们孩子所受到的"待遇"，并且警告说会采取法律措施。曾格校长仔细思考了一下还有谁可以和欧文协商这个问题。一个月后，欧文在他的一堂课中给学生们播放了有色情画面的视频。曾格校长需要做出一些重要决定来解决学生问题、与学生家长沟通的问题以及如何对待欧文表现的问题。

思考问题

总结一下你已知的欧文和学生们所发生的问题。你想知道什么？

1. 以上两个案例中的学生都应该受到纪律处罚吗？如果应该，你将会给予两个案例中的学生分别什么处罚？

2. 以上两个案例中欧文都应该受到纪律处罚吗？如果应该，你将会给他什么样的处罚？

3. 家长有正当理由对他们女儿接受搜身检查表示担忧吗？

4. 针对欧文要求没有正确回答问题的学生做俯卧撑的做法，你持怎样的态度？

5. 学校应该和学生家长以及欧文做什么样的沟通？

6. 在联邦州中，在和一个享受终身制待遇的教师沟通时，有哪些特殊的事项需要注意？

7. 应该采取哪些步骤解决问题？还有哪些人应该被告知这些事情？

8. 针对不当的视频内容，你将如何回应学生家长？

想要了解曾格校长对于这一案例的解决办法，请参阅后文"解决对策"部分。

第七章　关于实践问题、政策调整与规划管理的决策

> 我管理学校的第一年就出现了成绩单造假的问题。这在当时成为了轰动一时的新闻。这真的让人很尴尬。
>
> ——华莱士校长，马里兰州

校长们不得不面对的，是需要做出许多艰难的决策，这些决策包括了实践问题、政策调整以及项目管理。在本章中，有经验的校长们会和大家分享一些他们处理问题时所做过的决策。这些决策有的是为了应对教师争议性行为，有些是为了处理针对教师不端行为的指控，有些是为了监管教师的调解工作，有些是为了调整相关的日程计划。另外，还有一些决策是校长们在同学校中央办公室协商后所制订的附属在以上实践、政策和项目之下的具体的决定。校长们在处理以上这些多层面的违规问题和程序性问题时，他们采用了由布化尼克迈耶和斯皮兰提出的关键问题解决机制。关键问题解决机制包括了资料收集、发展导向和利益衡量三大主要内容。校长们在得出任何结论之前都要进行严格的调查（资料收集）。校长们需要咨询人力资源部门，与此同时还要参阅地区的职工手册来决定采取何种措施（利益衡量）并判断这种措施是否有违规的风险。在制订解决措施时，校长们还会

考虑到这些措施在未来长期内会如何促进学校的发展（发展导向）。

揭露教师争议性行为

校长们面临的最困难的决策之一就是如何解决教师争议性行为的问题。这里，我们将回顾一下成绩单造假和未经授权擅自使用学校建筑两个事件，看一看校长们做出了何种决策来解决问题。

成绩单造假

华莱士校长透露了她做校长第一年中的经历，同时也分享了她做过的一些重大决策。某次，当华莱士校长查阅学校的综合课程表时，她发现了一些重大问题。她发现课程表中出现了一些并不存在的课程，学生的成绩单中也包含了一些完全不准确的信息。华莱士校长随即与学校的管理人员进行了会晤，商讨了一下对于她发现的这些错误是否存在可能的合理解释。

学生们需要通过修读相关课程来拿到毕业证，这是他们在入学时就被承诺的。由此一些虚构的课程也随即产生。这其中，一些指导老师和一些没有资格的人也卷了进来，这是一个巨大的问题。而且那些必要的课程却不在课程表上。"我说我需要查阅综合课程表来看高年级的学生是否上了他们必要上的课程。人们第二天就拿出家庭和医疗休假法案来回应我。我睡不着觉。我不得不反复地查阅来确保我掌握的事实是正确的。"

然而，事情很快就搞清楚了。那些缺少的或是歪曲的信息只能用造假来解释。很多这类事的负责人都选择回避此事而不是正面回应这些被揭发出来的不合理的事情。华莱士校长的怀疑一经证实，她就同有关主管部门的负责人商讨了如何同教职工、学生、学生家长以及媒体进行沟通，同时也商讨了该做怎样的决策。

作为一个刚担任校长一年，还在畅想自己未来的职业生涯的管理者，我在事件发生后立刻向有关主管部门的负责人进行了汇报。他为此给我们派出了一个团队来解决学生们上那些必要的课程的问题。团队为学生们提供了晚间课程还有一些周末的课程。学生们必须得接受这些时间安排。当时，我们就住在这栋教学楼中。我们和学生家长以及社会人士之间有过一些艰难的对话。我们也在逃避和闪躲那些媒体记者的采访。虽然有一些家长对于我们的安排很生气，但这让一些教师看到了希望。他们知道正在发生什么，却不知道该怎么做。他们感谢我将这件事揭露了出来。

关于实践问题、政策调整和项目管理的决策：需要考虑的因素

应用关键问题解决机制。

思考社会核心价值观念。

考虑校园文化。

确定对人的影响。

分析全局。

咨询他人。

在做针对教师的争议性行为的决策时，校长们除了应用关键问题解决机制外，也会受到核心价值观念和校园文化的影响。校长们还会考虑到他们所做决定对人造成的影响。此外，他们还会考虑全局并思考是否需要咨询他人。在处理教职工成绩单造假以及擅自使用财物的问题时，校长们会考虑到一些社会的核心价值观念。对于华莱士校长来说，她所需要考虑的

核心观念是学校要为了学生的最佳利益着想以及维护诚信。罗德里格斯校长在考虑是否聘用一位二流的教练会对她的学生有益。这个问题答案是完全的不会。作为决策程序中不可缺少的一部分，校长们不得不从根本上转变一些校园文化。正是在这种校园文化中，这样的不正常的教职工的行为才会发生。了解到这些违规行为发生的根本原因，两位校长都需要迅速地学习这些她们学校中的校园文化来推行这些改变。在进行决策之初，校长们还要考虑到这些决定对于学生和教职员工的影响。这两者都是很复杂也很困难的决定。

在分析全局的时候，校长们会十分挑剔地评估他们所遭遇的困境的前景以及背景。他们会确定出核心问题并做出决定来扩大他们的关注点。他们会考虑到一些政策法规并思考一些可能的方法来解决一些即将发生的危机。

未经授权擅自使用学校建筑

本来不去管以前的一些行为会更加轻松，毕竟这样的行为已经发生了好多年了。但是罗德里格斯校长还是选择介入此事并且重新获得对学校的掌控权。

罗德里格斯接受了一所表现不佳的城区学校的校长的职位，几年来这所学校里的一些不端的行为一直没有得到遏制。在接手这所学校后，罗德里格斯校长做了一个决定，那就是解雇了一位很有名的教练——奥尔本。罗德里格斯的工作是要在两年的时间内改变这所学校的现状，因此她在做那些艰难的决策时受到了来自主管部门的大力支持。奥尔本教练一直以来都在允许学生和一些校外的团体使用学校的建筑，却不把使用的费用上交学校。学生们和一些社会团体的成员在使用学校的设施时需要付费，但是奥尔本教练却从这些费用中牟利。罗德里格斯校长补充说："他认为他是在这里做自己的生意。在做了一些调查之后，我不得不给了他一个非法入侵的警告并解雇了他。这是我需要做的事。"

本来不去管以前的一些行为会更加轻松，毕竟这样的行为已经发生了好多年了。但是罗德里格斯校长还是选择介入此事并且重新获得对学校的掌控权。在做了决定之后，罗德里格斯校长不得不应对来自学生以及一些郊区社区成员的投诉。他们一直以来都在使用学校的场地。罗德里格斯校长的车也被毁坏了，她为她的决定付出了代价。

前面提到的两位有经验的校长都进行了充足的资料收集的程序，然后她们才得出了她们的教职工在做一些有争议的事情的结论。她们考虑到了其他所有的解释。她们还参阅了管理这些教职工行为的地区政策并咨询了人力资源部门的意见。除了处理这些有争议的教职工行为，校长们也会咨询中央办公室关于某些政策可能带来的影响的问题。这些政策包括了撰写关于虐待儿童的报告，处理针对教师不端行为的指控以及监管教师的中介行为。

政策调整：中央办公室对领导决策的影响

美国国务院卫生与人类服务部下设的儿童福利信息门户网2012年的报告显示，美国的48个州都要求教师及时报告虐待儿童以及对儿童疏于照看的行为。在某些州，那份报告被称为"五十一号法案"。

两位校长，一位来自北卡罗来纳州，一位来自马萨诸塞州，各自回顾了她们的一些经历。她们遵守了地区的政策规定而针对她们学校的教师签署了五十一号法案。后面提到的两个涉及了不端行为以及中介行为的案例中，校长们就该如何进行决策咨询了中央办公室。里昂校长（北卡罗来纳州）介绍了她处理一起学生指控一个教职员工的经历。学校董事会要求她咨询人力资源部门和执法机关的意见。这对于她来说极其困难，因为她被要求不能与教职员工、学生家长以及学生们交流事情的细节。刑事调查随即展开了。里昂校长介绍到她被要求不能同教职员工讲任何关于此事的内容，但是那些教职员工却一直要求进行会晤并且反复地询问有关此事的细节。里昂校长承认这起指控对于那位受指控的教职工的职业生涯会有很大影响，但是她迅速补充说她的首要任务是要确保学生的安全。她说："等待调查结果的过程很有压力，因为不知道结果会是怎样。与此同时，你还要像往常一样继续工作。而且当孩子们问起来的时候，你还不能透露其中的细节。"这样的调查影响了里昂校长做决策的过程。进行一次全面的调查对于确保孩子们处于安全的境地十分重要。拥有支持决策的书面文件也很重要。另外，还要确保这些指导和支持是来自权威的中央办公室、地方检察官以及执法机构。

莉莉校长解释道："因为有一起虐待儿童的指控，我不得不签署这个五十一号法案。尽管我自己做了调查且没有发现证据，但是地区的政策规定是，不管指控是否被证实了，只要有合理的理由，你就必须得上报。"莉莉校长认为这样的情况下校长已经无权做出决策了。她提到其他一些校长过去在遇到类似的情况时并没有签署五十一号法案。她还表达了对于如何保护免受某些不实指控的影响的担忧。尽管她有责任及时报告虐待儿童的事件并且她也遵循了地区的指导方针，她还是认为这么做是同她的想法相违背的。莉莉校长估计了一下一起错误的指控可能对于学校产生的影响。她面对着既要保护教师的利益又要确保学生和家长的利益的两难困境。而且，保护学生和家长的利益还是得放在首位的。她说："我知道这可能会对社会造成怎样的影响。平衡这些看起来相互对立的两方的期望是比较有挑战性的。"上面提到的两位签署了五十一号法案的校长都提到她们在和老师、学生还有学生家长交流时所花的大量的时间。当处理一起需要提交虐待或照看不力的报告的指控时，机密性十分重要。处理这样的指控时，不能告诉那些违反了司法规定的教职工相关的细节。作为被调查的主要对象的老师可以和同事们谈论一些事件的细节，但是校长能够谈到的细节内容少之又少。处理这种类型的问题时，主要的因素是要收集资料、考虑对人的影响以及咨询人力资源部门中的其他人，同时还要考虑到校园文化。最终，中央办公室所推行的地区政策就会在学校层面妨碍校长们做出任何决策。当校长们考虑这些决策在学校层面带来的后果时，他们的决策会受到法律法规以及地区政策的牵制。

处理针对教师不端行为的指控

夏克谢夫特分享了一些可以避免类似问题的外部因素：完美的政策和毫无漏洞的实施流程，每年定时进行培训，清晰的行为规范，父母的提醒，警觉的职工——这些因素都有利于将类似问题发生的风险最小化。

当我在做一个学校的管理者时，我曾经调查过一起针对一位教职工和一位学生发生了性关系的指控。我接到了梅里菲尔德女士的电话，她是我的一位女学生帕梅拉的家长。梅里菲尔德女士声称有两位女孩向她揭发说帕梅拉告诉说她和一位老师发生过性关系。梅里菲尔德并不知道那位老师叫什么，但是她提到那位老师多次把帕梅拉带回了他家中。我遵照地区政策的规定，联系了校园警察并且报告了有关此事的一些情况。作为受委托者，我也联系了社会管理服务局。当天他们建议我不要直接和帕梅拉交流此事，而是联系警方负责处理性侵案的部门。

我和负责处理性侵案件部门的布朗迪警官进行了交流，她告诉我她会和梅里菲尔德女士联系并开展调查。后来我跟踪询问布朗迪警官时，她表示她给梅里菲尔德女士打了好多电话，但是梅里菲尔德女士很犹豫要不要向警方报案，因为她没有直接从帕梅拉那里听到这些事情。在进行了调查后，布朗迪警官告诉我说因为帕梅拉已经17岁，所以她也无能为力。如果帕梅拉是自愿的，那么那位老师的行为就不是犯罪。但是，如果帕梅拉年龄还小一点，事情就会变得很不同。因为15岁以下的学生是不能自愿和他人发生性关系的。我问布朗迪警官我是否可以同帕梅拉谈谈此事，毕竟现在距离我报告此事已经过去两周了。布朗迪警官告诉我说，在这个节骨眼上，我应该和教育局一起解决这件事情。我联系了主管的人力资源部门，我也联系了地区的法律部门并和检察官进行了交流。他们建议我和帕梅拉谈谈并且尝试让她主动谈到这件事。那位检察官很关心如果帕梅拉对于此事闭口不谈，我们应该采取怎样的措施。当我和帕梅拉会面时，我和她分享了一些我和她妈妈梅里菲尔德女士谈话时提到的内容，也告诉了她我和警方负责处理性侵案件的部门进行了联系，并且我还解释了我为什么没有在接到指控后立即找她谈话的原因。在和帕梅拉会谈时，我还叫上了一位指导老师。帕梅拉坚决地否认她同一位老师发生了性关系。她坚称："这没有发生过。这些都是女孩们的闲话。我没有和那些女孩讲过这些。我从没有说过那样的话。我知道我说出的话是怎样的。我没有做过那样的事。这没有发生过。没有，绝对没有。"

那天放学后，一位男老师克洛佛要求同我会面。他告诉我说帕梅拉在吃午饭的时候告诉他说我和帕梅拉谈论了有一位男老师和她发生了性关系的事情，并且还提到了他的名字。然而，我并没有和帕梅拉提到过任何老师的名字。克洛佛老师描述了他和帕梅拉的真实情况。他说在上学前帕梅拉经常在他的办公室中，但是那时办公室的门是开着的。有时，其他的一些男老师也在场。他说他和帕梅拉进行过很多次的交谈，他们会谈到帕梅拉在学校的表现，会谈到她的朋友的类型，还会谈到帕梅拉的未来的计划。克洛佛老师也提到他在三四周前就听到了关于他和帕梅拉的谣言。克洛佛老师提到了两位男生的名字，他说他认为是这两位男生在学校里散布谣言。我直截了当地问了克洛佛老师他是否曾同帕梅拉发生过不正当的性关系。他声称他没有过。后来检察官建议我和克洛佛谈谈并且告诉他我没有任何证据，然而，与学生发生不正当的性关系是不能被容忍的。如果我掌握了任何的证据，他将会受到严厉的处罚。

我又和帕梅拉进行了会谈。我告诉她如果她有什么想说的，她可以随时告诉我或者她的指导老师。帕梅拉并没有就此事提供任何更多的细节。在我进行了调查过后，我对是否帕梅拉和克洛佛老师发生过不正当的性关系产生了质疑。然而，帕梅拉不愿意承认是否发生过这样的事情，而且也没有人当场看见过这件事，因此我无法采取进一步的行动，毕竟这只是传闻。我遵照了政策的规定并结束了调查，但是这件事仍旧没有一个清楚的结论。

为了严格地遵守法律和地区政策的规定，我不得不调查教职员工的行为并且判断这些行为是否有违规的可能性。因此在我采用的解决问题的方法中包括了资料收集的阶段。我决定遵守法律来恪守机密性的原则同时也确保采用了正当程序。我也做了要与执法机关和人力资源部门保持沟通的相关决定。然而，当学生们开始散布有老师和学生有不正当关系的谣言时，事件的机密性就大打折扣了。当处理有关不端行为和针对虐待指控的问题时，考虑决策对人产生的影响也很重要。学校社区不可避免地会受到影响，因此利益衡量也有着突出的地位。尽管我们无法咨询学校社区，但是纵观全局，考虑到学校可能会受到的影响非常的重要。

夏克谢夫特分享了一些可以避免类似问题的外部因素：完美的政策和毫无漏洞的实施流程，每年定时进行培训，清晰的行为规范，父母的提醒，警觉的职工——这些因素都有利于将类似问题发生的风险最小化。如果大家知道老师或者其他人在看到不当行为的时候都会及时上报毫无容忍可言，那么针对学生的教师违规行为也会大大减少。

当这样的问题发生时，我质疑了我们实施的安保措施的力度。我们的重要的安保措施在多大程度上保护了学生们免受争议性行为的影响呢？在面对指控时，我回顾了我们学校里关于保护任何可能的或者未来的虐待儿童行为的程序。我向帕梅拉的母亲再三保证我们将会采取相关的遏制手段来保护我们的学生不受到可能的虐待行为的影响。在做出针对不正当性行为的指控决定时，我采用了资料收集的问题解决程序。我也分析了全局，评估了所有的细节性问题，并咨询了人力资源部门、检察官和执法机构。

关于处理教师性侵害案件指控的建议

1. 从报案人处获得细节信息。

2. 立刻向人力资源部门、执法机关以及学校区域检察官报案。

3. 获得如何处理的建议后，与被允许的人进行访谈以收集额外信息。只与那些可能是目击证人的人进行访谈。

4. 牢记受指控的职工的权利，严格遵守职工守则的规定。取得受指控的员工的供述，避免指责。

5. 获得受害者关于性侵害指控的供述。

6. 通知性侵受害者家长有关指控的内容。

7. 与报告性侵案件的人保持联系，向采取调查措施的对象担保。

8. 不提供调查结果，鼓励报案人与执法部门沟通接下来的步骤。

9. 如果指控方败诉了，人力资源部门会提供关于如何继续进行工作的严格措施。不要偏离这些步骤。

10. 查阅学校政策的规定，同时决定是否需要安保人员保证这样的性侵案件不再发生。

11. 在修改政策前，咨询人力资源部门。

就职工调解问题与人力资源部门沟通

与人力资源部门沟通有关恶性的职工交流问题是可采纳的。当校长们想保护他们的职工不受到个人资料中的不良记录的影响时，在某些情况下，人力资源部门可以提供一些关于如何应用政策和程序的宝贵建议。兰格里校长（马萨诸塞州）讲述了在她学校发生的一系列的部门主任与职工之间沟通得不太愉快的事情。这些不愉快的沟通都需要用职工纪律来解决。有一位职工在一幢办公楼内分享一些课程信息，然而却并不理解他这样做为什么得不到许可。并没有和人力资源部门领导进行私下的会晤，这位职工给全人力资源部门发送了有关这件事的邮件。同时在专业学习社群工作会议上，他口头上攻击了部门主任。部门里的其他一些员工就这一事件表达了他们的不满。兰格里校长说道："部门主任认为这样的行为是一个严重的不服从管理的行为。这位员工的确很有才华，但是也有点儿太自大了。"

兰格里校长在两周半的时间内在五个分开的场合安排了一些会晤来解决这个问题。兰格里校长尝试调解部门主任同教师之间的矛盾以避免人事变动。工会代表也被邀请来参加了会议，但是在会议上各方的情绪比较激动并没有达成一些协议。当兰格里校长与人力资源部门沟通并告诉他们她有能力解决这个问题的时候，人力资源部门批评她没有立刻同他们取得沟通并且告诉她需要起草一份申请信并且放到教师档案中。兰格里校长为我们分享了她在人力资源部门那里受到的批评："这是不一样的事情，他们对Weingarten有着比较狭隘的解释。我们的工会很困难。他们所不了解的是在高中情况会更复杂。"Weingarten权利包括了允许一位工会代表参加调查的权利。兰格里校长对于没有受到中央办公室的支持感到很失望，同时她也对他人对于她所面临的困境缺乏理解感到很失望。兰格里校长不应该受到中央办公室官员的批评，但是她也意识到她在安排有关解决此事的会议之前本应该让人力资源部门参与进来。

虽然校长看起来应该有能力调解职工间的矛盾，但是如果矛盾不能解决并且由外部人员（例如工会代表）介入进来，人力资源部门则会要求出具写好的有关此事的书面文件。为了解决问题，在同职工进行沟通之前，校长们需要对有关调解和解决矛盾冲突的地区政策了然于心。

项目管理：改变作息时间表的挑战

前文中，我们回顾了校长们是如何解决实践、政策以及同中央办公室沟通的问题的。接下来的内容当中，我们将讨论校长们做出的对于主要作息时间表的纲要性改变的决定。影响教师教学的重要因素有很多，教室、教课的方式以及课表（也就是教师什么时候上课）都会影响到教师的教学。当然还有其他的一些因素，但是如果在某些情况下会引起教师的本能反应的话，这三个因素就尤其的重要。有一些主要计划表的改变会比较微不足道，但是作息时间表的改变则很重要。只有在学校取得了信任的有经验的校长才能够修改作息时间表。同时要保证有中央办公室的支持和建议。

本节中，来自马萨诸塞州和马里兰州的三位校长遵守了地区规定，以决定修改会影响到学校预算安排、员工管理和教学时间的作息时间表。遵守地区规定的程序并不能确保会产生对学校有益的最佳结果。在某一个案例中，家长的质疑使得原来的决定被推翻，从而做出了一个更加有经验的决策。这些校长承认了以下三件事项的重要性，包括逐步地改变主要作息时间表、大量征求意见以及让教师有机会到其他学校参观并与其他学校在小范围内进行交流。校长们也会和中央办公室进行沟通。中央办公室会提出一些推荐的作息时间表的改变方式，预估可能会遇到的反对意见并且在需要的情况下准备好推行这些对作息时间的改变。

关于如何做与实践项目、政策调整以及项目管理有关的决策的建议

1. 考虑到决策可能会对人产生的影响，进行全面的调查以确保所有相关方的权益得到了保护。

2. 即使被要求做不被允许的事情，也要严格遵守相关规定。咨询执法机关以及中央办公室，严格遵守校园政策、学校社区政策以及联邦州法律的规定。

3. 注意培养那些有处理这方面事务经验或曾质疑过他们以及其他老师是否获得了支持的教师。

4. 告知学生与家长管理部门对于指控的重视程度，确保学生的安全。

5. 获知政策的合法性与相关影响，认识到尽管实施了调查并且与学生、家长及老师取得了直接联系，最终有关指控的不法行为的后果的决策并不由你决定。

终止语言项目

马萨诸塞州的佩雷斯校长起初不得不终止在她学校进行的汉语学习项目。因为这个项目的参与人员较少并且也遇到了一些项目预算上的问题。她认识到大多数参加汉语学习项目的学生都有中国血统，并且有大约五十位学生将不再能够参加汉语学习项目。佩雷斯校长提到："我们决定要砍掉汉语学习项目。汉语学习项目的老师拥有的学生数量仅仅是其他任何语种的任何一个老师的一半。"这样的决定在华人社区中并不受欢迎。佩雷斯校长担心在很多家长之间都存在的文化及语言的障碍会使得这样的决定

的有效传达更加困难。幸运的是，当地决定提供额外的资金来支持这个项目。尽管佩雷斯校长遵照了削减项目的程序规定，她做出一个不受欢迎且日后还被修改了的决定，处境也是很艰难的。当尝试了其他所有的解决办法，仍然还需要做出终止一项为小众服务的、缺人的项目时，获得那些能够说出这些改变的不利影响的家长的支持是可取的。中央办公室也许能够找到其他的替代性的资金来源。

佩雷斯校长也回顾了与中央办公室有关的其他的决策经验。她还评价了地区做出的多种态度下的请求。这些请求在她看来都影响了学生的学习。在遵照地区政策的规定的时候，她先对这些请求进行了评估考虑并且考虑到了对她的学生以及学校的影响。"如果他们让我做对学生有利的事情，我会立刻就做。如果他们让我做的事情对学生没利，我会等一等并提醒他们一下。我会对那些请求的重要程度进行衡量。"有时候，佩雷斯校长会质疑或者推迟回复或者提供一个更能满足学生需求的替代方案。佩雷斯校长是一位经验丰富并且十分受人尊敬的校长，然而这样的方法却并不一定在所有地区和所有情况下都适用。在大多数情况下，校长们需要和中央办公室团结合作，当那些建议的改变是有害的或者是不协调时，他们也不应该害怕提出反对意见或者质疑。

作息时间表格式

在讨论两位校长做出的针对作息时间表进行的调整之前，我们在这里先介绍一下规范的作息时间表格式。厄尔科斯基提供了四种典型的学校作息时间表的格式规范。这些表分为传统表、级放表、交互型级放表（又称A或B级放表）以及哥白尼式级放表。在传统时间表中，学生们每天都要上课，而且他们每天会上七八节50到55分钟的课。最常用的级放时间表是四乘四型的，这意味着学生们一个学期中每天会上四节80到90分钟的课。表7.1是四乘四型级放时间表的典型代表。下面还将介绍其他各种变化形式的级放时间表。

表7.1　四乘四型级放时间表

时间段	铃声	铃声
第一时间段	7:25	8:50
第二时间段	8:56	10:22
午餐时间	10:22	11:22
第三时间段	11:22	12:47
第四时间段	12:53	14:18

　　间隔型级放表（又称A/B型级放表）中，学生们被安排在全年中间隔性地上一些80到90分钟的课程。B型时间表中，学生们第一周的周一、周三、周五上课。然而在A型时间表中，学生们第一周的周二和周四上课。在接下来的一周，按照B型时间表上课的学生周二和周四上课，而按照A型时间表上课的学生周一、周三和周五上课。

　　哥白尼型级放表使用得相对较少。在这种时间表中，有每天一节4小时的课，也有每天两三节1.5小时的课。每个月中，时间表在每天一节4小时的课和每天两三节1.5小时的课间循环。在其他情况下，哥白尼型时间表中也会安排每天两节2小时的课以及两三节1.5小时的课。上述的每天两节2小时的课会每两个月一循环。

修改作息时间表

我有两种可以选择的时间表。一种时间表会满足大多数人的需求，但是却会损害少部分人的利益。有一部分比较容易激动的或者说很坚定的人会感觉这样的时间表对他们而言并不是最好的。

——布莱登校长

马萨诸塞州的布莱登校长介绍了他在一所郊区大型高中中修改作息时间表的经历。布莱登校长的学校目前所用的时间表是一种传统的每八天一循环的时间表。在这样的时间表安排下，学校没有时间招聘兼职人员、没办法限制空间，同时也不允许学生迟到或者早退。布莱登校长的学校也有一项学前班项目。但是因为时间表安排的原因，学校却无法和学前班有任何相互的交叉项目。然而，高中却在承担着进行学前教育的任务。

布莱登校长说道："我有两种可以选择的时间表。一种时间表会满足大多数人的需求，但是却会损害少部分人的利益。有一部分比较容易激动的或者说很坚定的人会感觉这样的时间表对他们而言并不是最好的。现在考虑修改的时间表和目前用的时间表有很多的不同。"学校目前考虑把时间表修改成会在下午循环的六乘八型的。布莱登校长的学校目前用的时间表是一种七乘八型的。这种时间表已经用了十五到二十年了。学生们每天上七节课，每节课有47分钟，八天一循环。

推荐的时间表中会有更少的课，这也是数学教学组反对这项修改计划的最主要的原因之一。布莱登校长推行修改作息时间表的计划后，很快就能看出要修改这样的时间表是多么的困难。在得知数学与科学教学组对推荐时间表不满后，布莱登校长和数学与科学教学组进行了午间会谈。布莱登校长强调组织这样的会谈的主要目的是为了倾听老师们的意见。但是布莱登校长也强调，尽管推荐时间表已经制订出来了，但是确切的新作息时间表并没有定下来，职工们有机会加入他们的一些想法。

有一些教师对于新的作息时间表提出了一些个性化的意见，并且表示他们认为布莱登校长让他们很失望。布莱登校长补充道："制订作息时间表是最困难的事情。这件事让我睡不好觉。我会担心有我视为朋友的老师因为修改时间表这件事而无法原谅我。"最终，布莱登校长修改的时间表是符合学生的最佳利益的。布莱登校长承认过去几年对于那些被要求遵循共同核心原则和参加了新教师评价体系的老师是多么的困难。认识到老师们的需求是有多么的不同，布莱登校长决定先妥协一年。在下一学年，每节课的时间会延长十分钟（每节课共57分钟）。这些时间安排的决定是由职业发展部门制订的，也在各部门间和全校范围内进行了广泛的讨论。学校已经花了前几年的时间思考如何制订这些时间表。布莱登校长提到他优先考虑的事情是要得到全体教职员工的同意和支持。他认为如果让老师们去参观其他学校的情况，问他们一些问题并且和其他的职工分享一些他们的发现，老师们的不满意程度会降低。新的作息时间表会缓解过分拥挤的问题，但是布莱登校长对修改作息时间表很谨慎。到现在他已经花了两年的时间了，他才用了前期实施的一年达成了一些共识。

表7.2

	7:25-7:30	7:34-8:21	8:25-9:12	9:16-10:03	10:07-10:54	午餐：10:54-12:19	12:23-13:10	13:14-14:02	轮休
正常下课	7:25-7:30	7:34-8:21	8:25-9:12	9:16-10:03	10:07-10:54	午餐：10:54-12:19	12:23-13:10	13:14-14:02	轮休
提前下课	7:25-7:30	7:34-8:08	8:12-8:45	8:49-9:23	9:27-10:00	10:04-12:19	10:42-11:15	11:15-12:42	
X型级放表	7:25-7:30	7:34-8:10	8:14-8:51	8:55-9:32	9:36-10:13 / 10:17-10:54	10:54-12:19	10:54-12:19	13:14-14:02	
第一天	HR	A	B	C	D	E	F	G	H
第二天	HR	H	A	B	C	D	E	F	G
第三天	HR	G	H	A	B	C	D	E	F
第四天	HR	F	G	H	A	B	C	D	E
第五天	HR	E	F	G	H	A	B	C	D
第六天	HR	D	E	F	G	H	A	B	C
第七天	HR	C	D	E	F	G	H	A	B
第八天	HR	B	C	D	E	F	G	H	A

表7.3　正常时间表和X型级放表的午餐时间表

第一午餐	第二午餐（将一节课分成两部分）	第三午餐
午餐：10:54-11:24	上课时间：10:58:-11:22	上课时间：10:58-11:49
上课时间：11:28-12:19	午餐：11:22-11:52	午餐：11:49-12:19
	上课时间：11:52-12:19	

表7.4　提前下课的每周三午餐时间表

第一午餐	第二午餐（将一节课分成两部分）	第三午餐

午餐：11:15-11:45	上课时间：11:19:-11:43	上课时间：11:19-12:10
上课时间：11:48-12:40	午餐：11:43-12:13	午餐：12:10-12:42
	上课时间：12:13-12:42	

关于修改作息表的建议

1. 修改作息时间表时考虑基本原理。

2. 分析现行作息时间的利弊。

3. 对可选择的作息时间表进行深入研究。

4. 与中央办公室取得沟通并获得支持和建议。

5. 决定好如何做出决策。思考这样的决定是合理的吗？会不会是不被建议的？你在做决定前会听取职工们的意见吗？

6. 在小范围内以及大会议上提供给职工两到三个备选方案。

7. 预估教师、学生以及家长的某些不合理的反对意见。

8. 在修订的建议性作息时间表中吸纳反馈意见。

9. 如果可行，考察其他学校并和其职工会面。

10. 决定你所支持的作息时间表。

11. 分享修改意见。

12. 设定先期施行的时间（一般为一到两年）。

推行一学年三学期时间表

华莱士校长（马里兰州）介绍了她在城区临时高中推行修改作息时间表的经历。当她初任校长时，她先与这所高中的全体学生进行了单独的会面。她与每位学生进行了十五分钟的会面。当她问及学生们学校哪些地方做得不好时，学生们提到的就是作息时间表。在学生们分享他们的经历时，华莱士校长提到，自己作为一个替代者，她能认识到这些挑战。"我记得我说过同样的话，有过同样的感受。"华莱士校长认为尽管她领导的是一所临时替代性的高中，但是她的学生用的却是更适合传统高中的作息时间表。"我告诉了我的主管领导，请求把我们学校的作息时间表修改成一学年三学期式的。对于很多人来说，这看起来就像我在给学生们硬塞一些东西一样。这意味着我们要加快我们的教学进度和评估进度。"一学年三学期式的作息时间表使得学生们在一学年间能够上更多的课程。鉴于之前课程失败的经验，这对于需要在一年间补上很多学分的学生来说大有裨益。

华莱士校长回顾了她向她的团队推荐一学年三学期的改革想法的经历。她希望以此使得她的想法获得支持。这项改革影响了辅导员们做学生工作的工作方式，也影响了学生修读完课程的进度。学校会给学生们提供网上课程，但是通常而言，夜校并不是一个好的选择。华莱士校长也回顾了时间表一经采用后，学校工作所取得的进展。"我刚到这儿来时，我们学校有8名高年级的学生。现在我们学校有45名高年级的学生。我感觉这会是个艰难的决定。我没有任何的优势，我不知道这样的决定是否会是个灾难。我回顾我自己上高中时的经历。我不能待在教室里好几个小时一直听课。"华莱士校长提到她的学生会对于能够重新上课感到很高兴。大部分的员工都很支持这样的改革。但是，华莱士校长也在和其他人一起工作。按照她的说法，这些人并没有完全地理解替代教育的理念。迈尔斯也认同了以改善学生学习为目标的时间表改革的重要性："如果教育者可以跨越国别差异，有足够的勇气去分析过去错误的教学方法，并且对教课的时间和提供的帮助进行二次组织，那么所有的孩子都可以取得成功。"

布莱登校长和华莱士校长在决定改变作息时间表时，都全面理解了遵照核心问题解决机制的重要性。他们投入了大量的时间进行数据收集。他们重视利益衡量。他们和教师们进行会谈，倾听回馈，并且根据回馈做出调整。他们都认为实行新的作息时间表会给学生们的学习生活带来改善（改善导向）。除此之外，这两位校长也考虑到了他们的校园文化，考虑了这些建议的改变可能对人产生的影响，分析了全局也咨询了他人。当推行改变时间表以及主作息时间表时，考虑到校园文化的因素，同时认识到要求改变的意愿之强是很重要的。我们需要投入大量的时间与老师、家长和学生进行大小团体间的会面，以此来决定对人产生的影响。作息时间表的改变是很复杂的，因此分析全局是比较重要的。虽然设定时间表是在之前进行的步骤，其他一些背后的事情则会揭露一些可能会损害职工利益的事实。除非这样的时间表是无意识地伤害到了一小部分学生的利益，针对主作息时间表的修改就不应该实行。做出修改时间表的决定需要咨询中央办公室的意见，同时也需要遵守所有的三大程序，也就是说要全面考虑数据收集、改善导向以及利益衡量三方面的因素。

总结

在本章中，校长们交流他们做过的修改相关政策的经验。在某些案例中，经过全面调查形成结论之后，一些长期的不道德的行为被揭露了出来。与中央办公室保持紧密的沟通将会影响解决针对不正当行为指控的进程，也会影响调解员工之间矛盾的过程。我们应该考虑到政策规定以及联邦州的法律法规。有经验的学识渊博的校长在仔细修改作息时间表时，咨询了教职员工和中央办公室的意见。在回顾对作息时间表的细微修改的决定时，马萨诸塞州的佩雷斯校长提道："艰难的决定并不一定要满足学校的最佳利益，但是你得在缺乏资源的情况下做出这些决定，因此这样的决定也许并不是你希望看到的。"校长们也会决定何时以及以何种方式抵触那些对学校并不是很有利的中央办公室的意见。

案例分析

坎特雷尔校长面临着一项艰巨的任务，那就是将学校迁至另一个处于政治漩涡中的地点。细心地考察所有的备选方案以及分清楚政治形式是很明智的做法。如果很明显这样的决定成为了一个既定事实，那么就没必要过多地干涉。当你在阅读下面的案例时，请思考如果你作为学校的校长，你将怎样处理学校强制搬迁的问题。

案例分析 6：学校强制搬迁

坎特雷尔校长面临着需要做出一项站不住脚的决定的境地。她被主管部门告知她的学校需要搬迁到城市的另一个地方，并且学生人数会增加一百人到二百人。她被告知她们需要接手那个地区的一幢楼房并且对科学实验室进行更新。这是地区政府将七所学校搬迁至其他地区的计划的一部分。对于托贝肯特高中来说，这样的搬迁全然是意料之外的事情。坎特雷尔校长并没有意识到地区政府已经决定出售她的学校所在区域的一幢和其他学校共用的楼房。起初坎特雷尔校长需要决定她如何向学校传达这样一项地区政府的决策。她会同地区政府合作并且告诉她的职工及其他人这是一项她必须做的决策吗？还是说她拒绝执行呢？坎特雷尔校长被告知学校管理部门会发表一份公开声明。学校管理部门根据七所学校的七位校长的叙述起草了一份书面文件。那七位校长对于地区政府的这项计划都持支持的态度。上级主管部门要求坎特雷尔校长给学生家长签写并分发这些信件。

在坎特雷尔校长犹豫是否要拒绝这样的安排时，她同地区内很多人进行了会谈。她很快便发现另一所与托贝肯特高中共用教学楼的学校会依然留在楼中，并且并没有被强制要求撤离。这幢大楼并不会被出售，这与她所被告知的情况截然不同。坎特雷尔校长发现市长很支持搬迁的计划。坎特雷尔校长也得到了一部分坚持反对这项搬迁计划的教师的支持。他们对于修缮这幢大楼并没有什么意见。他们并不愿意接受学校需要搬迁的事实。

在和学校共同体进行了数周的谈论后，学校管理部门表示他们会出资300万美元用于修缮这幢大楼。分配的这些钱是不够的。学校共同体再三考虑，然后通过了一项1 200万美元的计划。这1 200万美元随后被城市议会削减为了1 000万美元。最后，学校共同体让市长同意了政府不会让学校失去他们大楼内现有的电梯、科学实验室以及咖啡馆。这意味着他们得再找一个地方修一个咖啡馆。他们提供给了坎特雷尔校长一间小型厨房，并不是一间可以提供全面服务的厨房。她在思考要不要反对这样一项安排。在这样的安排下有69%的学生可以免费地享用午餐。同时她也听说其他拥有小型厨房的校长们都说他们常常会剩下来很多东西。被强制要求撤离，同时又得不到资金，这对于一个有经验的老校长来说是比较痛苦的。

思考问题

总结一下你所知的已经发生的事情的情况。你还想知道什么？你需要做出下列的决定：

1. 坎特雷尔校长需要就她的决定和学校共同体进行讨论吗？

2. 坎特雷尔校长是应该与地区政府合作，并且告诉员工以及其他人这是他们必须做的事情，抑或是应该反对这项计划？

3. 如果坎特雷尔校长反对这项计划，她应该如何进行反对？

4. 坎特雷尔校长应该签署并分发由学校管理部门写的信吗？

5. 主管部门要求所有学校同时被通知到。坎特雷尔校长的学校会遇到哪些事情？

6. 在被告知她的学校必须撤离的情况下，坎特雷尔校长的政治立场是怎样的？

7. 坎特雷尔校长需要遵照下面的规定吗？按照规定学校应该使用小型厨房而不是可以提供全面服务的厨房。

想要了解坎特雷尔校长对于这一案例的解决办法，请参阅后文"解决对策"部分。

第八章　关于提高非裔及拉丁美裔学生成绩的决定

我所做的决定是要扫除学生们修读荣誉课程和大学先修课程的障碍。我取消了一些比较随意的人员安排。作为结果，快班里更多的非裔及拉丁美洲的学生取得了更成功的成绩。

——曼宁校长，马萨诸塞州

公立学校的校长管理的学校中学生人口组成现在越来越多样化。拉丁裔的学生数量超过了黑人成为美国最大的少数种族群体〔2007年国家教育数据中心报告（NCES）〕。在美国，少数种族人口的数量在不断增加。其中，拉丁裔人口数量的增长最具有代表性。据估计到2043年，假设不考虑移民因素的影响，美国将成为一个两极分化的国家。（美国人口统计局2012年报告）

目前，美国白人人数占了人口总数的67%，拉丁裔占了17%，黑人占了12%，亚裔占了5%。到2050年，白人人口的比例将会下降到47%，拉丁裔人口的数量则预计会占到人口总数的26%，黑人人口数量会略微增加占到13%，亚裔人口的数量预计会增加到9%。

从2000年到2010年，公立学校入学的白人学生的数量占比从61%下降到了52%。拉丁裔的学生数量占比从16%增加到了23%。非洲裔学生的数量占比从4%增加到5%。在很多评价体系下，例如大学先修课程成绩、SAT成绩、大学生毕业率、NAEP（国家教育进展评估指数）以及数学和阅读成绩，白人学生的表现都比非裔和拉丁裔学生的表现优秀。

在少数人种人口数量增加而他们的学业表现不佳的情况下，校长们有责任为少数人的表现着想，他们需要思考他们做的决定会怎样影响到少数人口的表现。本章中介绍了校长们处理相关事情的经验以及他们所做过的一些勇敢决策。这些决策和事项包括了在结构上、环境上做出改变，以达到最终改善非裔和拉丁裔学生的成绩的目的。

曼宁校长：消除有色人种学生课程入门的障碍

我和指导部进行了会谈，当我发现非裔和拉丁裔学生中的尖子生并没有参加荣誉课程和大学先修课程时，我问了原因。

——亚当校长

曼宁校长做出了一项史无前例的决策。她决定在她管理的传统精英高中修改荣誉课程和大学先修课程修读的程序。在她做出这项决定时，学生们被要求和老师就大学先修课程和荣誉课程的要求进行沟通。有些老师认为这些课程需要通过考试进行考核。其他一些老师认为觉得仅仅需要通过考察或者论文的方式进行考核。曼宁校长说她强烈地感觉到对于很多学生来说，尤其是那些非裔和拉丁裔的学生来说，这些课程入门都有很多的障碍。当学生们和老师进行沟通时，那些更加有特点的学生以及那些有过与老师进行沟通经验的学生占有很大的优势。当曼宁校长做出决定要消除这些优势的时候，她便激怒了她的很多学生家长以及教职员工。那些孩子的学习成绩比较好的家长对于取消修读荣誉课程的要求很满意。曼宁校长为我们描述了那些教大学先修课程的老师的情况。他们有很小的课容量，很少的课程量。很多大学先修课程班上的学生都是由老师一手挑选的。为了解决职工对于可能的改变的担忧，曼宁校长组建了一支由教职工和管理人员组成的团队。这个团队主要负责制订有关大学先修课程和荣誉课程的政策。教职工团队决定只有成绩在C等及以上的学生才能够修读大学先修课程。在曼宁校长的学校，学生最多只能同时修读三门大学先修课程，并且一共也只能修读四门大学先修课程。在曼宁校长实施改革的这些年，她印证了之前的预测，那就是大学先修课程的分数应该相对较低，但是关键的是要增加学生的参与度。

在针对荣誉课程和大学先修课程的改变实施后，更多的非裔和拉丁裔的学生参加了大学先修课程和荣誉课程。四年过后，尽管参加大学先修课程的人数增加了30%，但是取得C等及以上成绩的学生比例并没有下降。曼宁校长因为这样的成功嘉奖了教职工们。

曼宁校长明知她改变过往传统的做法会损害她学校精英阶层学生的利益。她让自己处在了一种不稳定的状态中。这样做的政治风险很大。因为这样的决定会损害到既得利益者，并且会遭到一群有权势的群体的反对。在曼宁校长努力实施改变时，曼宁校长考虑到了很多层面的问题。她研究了现行的政策规定，并且定期会和她的职工会面。根据她学校的校园文化，她评估了这样的决定可能产生的影响。此外，她还考虑了学生和教职工以及家长的可能的意见。曼宁校长是按照公平、公正、一致的核心价值观来做决策的。曼宁校长很明白她学校的非裔和拉丁裔学生在大学先修课程中的参与率不高。

此外，全国范围内非裔和拉丁裔的学生在大学先修课程中的参与率也不高。2013年，毕业班非裔学生中，只有9.2%参加了大学先修课程。拉丁裔学生中只有18.8%参加了大学先修课程。作为对比，有55.9%的白人学生参加了大学先修课程。在大学先修课程的考核中取得了C等及以上成绩的学生能够获取大学课程的学分。根据2013年的大学机构国家大学先修课程报告（见表8.1），只有4.6%的黑人学生通过了大学先修课程的考试，通过考试的拉丁裔学生只有16.9%，白人学生的通过率则达到了61.3%。

表8.1　2013级参加大学先修课程测试的人种分布表

人种	占毕业班学生比例	参加考试学生比例	取得C等及以上成绩的学生比例
黑人	14.5%	9.2%	4.6%
拉丁裔人	18.8%	18.8%	16.9%
白人	58.3%	55.9%	61.3%

出处：数据来源于2013年美联社第十编年度报告。学校委员会网址：www.collegeboard.org. Reproduced with permission.

尽管可能有负面影响，勇敢决策的校长们制订的政策和进行的实践都会使这样的成绩差异持续存在下去。还有两位校长也分享了他们类似的一些决策。这些决策是为了确保全体学生都能够修读大学先修课程。佩雷斯校长（马萨诸塞州）叙述说她在另外一个城区高中也在提供大学先修课程上实施了一系列的改变。"我们对于大学先修课程进行了很多的改革以确保每个学生能够公平地接受大学先修课程的教育。学生们过去需要先上经济学的课程才能再上大学先修课程的经济学课程。现在已经没有那么多的先决条件了，只需要推荐信。"如果学生表现得好，老师会强烈建议学生去参加荣誉课程。如果学生们取得了B以上的成绩，他们不需要推荐信也可以上这些课程。如果学生们表示他们愿意努力，那么预期的结果会尤其好。在佩雷斯校长的学校，在学生拒绝接受大学先修课程教育之前，他们还会咨询老师和辅导员的意见。

亚当校长介绍了他学校非裔学生更多地参加高级课程的情况。"我和指导部进行了会谈，当我发现非裔和拉丁裔学生中的尖子生并没有参加荣誉课程和大学先修课程时，我问了原因。"亚当校长向他的教职员工明确表示他希望有更多的非裔和拉丁裔的学生参加大学先修课程。并没有忽视这种明显的差异，那些优先考虑少数人群利益的校长注意到了这样的差距，并且和教职工一起努力制订计划以做出重大改变。

曾格校长：应用数据分析缩小差距

曾格校长做过一些决定以缩小她城区高中学生间的差距。尽管这些决定目前看来都很成功，但是曾格校长说这样的决定是比较有争议性的。曾格校长必须向她的教职员以及与此事密切相关的家长们证明她对于学生间差异的关注是有正当性的。曾格校长说："我强烈地感受到讨论对学生会产生很大影响的一些课程事项是比较困难的。"我们尤其的关注种族和班级的问题。老师们很努力地在帮助黑人学生。我们也见证了许多的进步。

注重学生数据

曾格校长起初决定开始注重数据并让教职工参与到人种、班级和成绩数据的讨论中来。曾格校长说她自己本身也是一个数据迷。她提到8年前她刚在坎布里亚瑟罗克当校长时，马萨诸塞州理解能力测试的不合格率在12%。马萨诸塞州能力测试是用10个等级来衡量学生在英语语言艺术、数学和科学上的表现的。

曾格校长关于缩小学生差距做出的决定

1. 注重学生数据的收集，并且和教职工合作分析班级、人种以及成绩的数据。

2. 发展非裔美国学生奖学金项目。

曾格校长继续说道："在我做决策时，我大量地应用到了数据分析。你不能忽视数据的作用。我们注重学校层面上缩小学生间差距的目标。"曾格校长参考了统计学上钟形曲线的分析方法，并且解释说她学校关注的重点是被她称为"山脊"的那一部分。钟形曲线在统计学上的应用很广泛，钟形曲线的形状与钟表很相似。钟形曲线在中间点有一个均值。在曲线两端的点分别代表着数据的最低和最高值。钟形曲线也能够被形容为是正态分布的。有50%的数据点是在均值点以上的，同样有50%的数据点是在均值点以下的。

表8.2　马萨诸塞州综合评估等级

等级	等级描述
高等	学生对于所学课程知识理解深刻全面，并且能够提出针对复杂问题的熟练的解决方案
精通	学生对于所学课程知识掌握扎实，并且能够解决多种问题
需要改进	学生对于所学课程知识部分掌握，并且能够解决一些简单的问题
警告	学生对于所学课程知识缺乏理解，并且不能解决简单的问题

出处：摘录于马萨诸塞州中小学学生档案：2012年完整版成绩单，2013年完整版成绩单学生之间的平衡需要有针对性的提升计划。

人们一般将其称之为钟形曲线，而在数学上它则被称为高斯曲线。这个模型认为大部分事件的发生都集中于中间点，只有一小部分落在高点或者低点。钟形曲线假设的分布规律在一定程度上解释了教育项目的规模大小区别。

钟形曲线

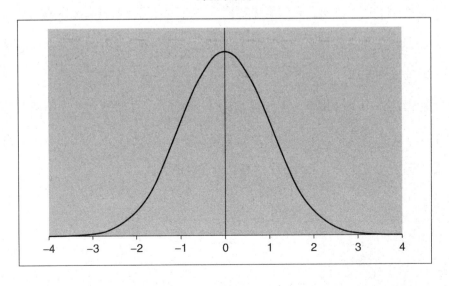

曾格校长宣称说："我们的黑人学生没有一个未能通过马萨诸塞州能力测试。每五个学生中有一个收入较低的学生没有通过数学测试。但是没有黑人未能通过的。"过去两年，坎布里亚瑟罗克高中在马萨诸塞州能力测试中的未通过率是零。

我们关注那些处于尾部的学生（成绩最低的那一部分学生）已经有6年的时间了。现在大多数学生的成绩都处在"山脊"上的水平，因此他们在"山脊"上的表现很平均。我们已经达到了"山脊"的位置。接下来的工作就是要让黑人学生以及低收入家庭的学生的成绩进一步提高（也就是说要移动"山脊"的位置）。美国大多数学校都在尽力确保没有不及格的学生。

正如曾格校长指出的那样，数据显示我们已经缩小了黑人学生以及低收入家庭学生与其他学生的成绩差距。对于拉丁裔学生而言，他们的成绩与其他学生成绩差距的缩小也是显而易见的。曾格校长所说的"山脊"是指学生们的成绩在均值的状态。也就是说这些学生是平均成绩表现者。重复再说一下，"移动山脊"是指要把平均成绩表现者移到高级课程（大学先修课程或荣誉课程）当中去。曾格校长在过去6年间不断努力以缩小学生间的成绩差距，在她的领导之下，黑人学生以及拉丁裔学生的马萨诸塞州能力测试中不合格率为零（见表8.3和表8.4）。尽管她仍然在不懈努力争取让学生在数学考试中的不合格率也为零，曾格校长现在转而将工作重心放在了非裔和拉丁美洲学生参与高级课程的人数上。

表8.3　坎布里亚瑟罗克高中

马萨诸塞州英语/语言艺术课程统一测试 2012年、2013年十年级学生表现				
学生种族	高级/精通		不合格	
	2013	2012	2013	2012
白人学生	98%	99%	1%	0%
黑人学生	93%	95%	0%	0%
拉丁裔学生	90%	90%	0%	0%

出处：摘录于马萨诸塞州中小学学生档案：2012年完整版成绩单，2013年完整版成绩单学生之间的平衡需要有针对性的提升计划。

表8.4　坎布里亚瑟罗克高中

马萨诸塞州数学测试2012年、2013年十年级学生表现				
学生种族	高级/精通		不合格	
	2013	2012	2013	2012
白人学生	95%	96%	2%	2%
黑人学生	73%	89%	7%	0%
拉丁裔学生	71%	86%	4%	0%

出处：摘录于马萨诸塞州中小学学生档案：2012年完整版成绩单，2013年完整版成绩单，学生之间的平衡需要有针对性的提升计划。

非裔精英学生项目

曾格校长做的另一个缩小学生成绩差距的决策就是支持和发展非裔精英学生项目。曾格校长声称："我们有意地让学生接受高级课程的教育。我们根据那些数据设立了非裔精英学生项目。我能够证明这样做是合理的。黑人孩子们并没有以相同的比例处在更高一级别的课程当中。"和曼宁校长一样，曾格校长也是依据核心价值来进行决策的。正如在第二章中阐述的那样，曾格校长有意识地和她的教职工就人种、等级以及学习成绩的问题进行讨论合作。其中有一位教职工想到了设立黑人精英学生项目这个点子，并且还有另外几名学生加入了这个项目的发展过程。要想成为这项计划的一员，学生必须取得B-或者高于班级平均成绩的成绩，并且还要参加至少一门荣誉课程或者大学先修课程。学生必须参加黑人历史研讨会、参加由英语老师教授的领导力课程、参加实习、参加一项课外活动、展出领导力并且完成社区服务的时长要求。尽管最初是为黑人学生设立的，这一项目也逐步扩大到了拉丁裔学生的范围。学生每周都会见面，每一个精英学生都配有一名指导老师。毕业后，学生们还将获得奖学金。

史塔尼斯校长：平衡差生与优生的需求

现实的情况告诉我，我们要做的事情是要真正地从教学关注那些低级别的学生。这对于老师来说是新的挑战。我教了，然而你却没有懂，也许我需要用另外一种方式教学。

—— 史塔尼斯校长

史塔尼斯校长（马萨诸塞州）和曾格校长在同一个地区工作。他分享了一些有关教育非裔和拉丁裔学生的看法。"我们认识到的事情之一就是学生中存在较大的成绩差异。尽管受到了长达数年的进步的反种族观念的熏陶，数据团队依然分析出了白人学生和黑人学生之间存在的巨大的成绩差异。"史塔尼斯校长决定首先要缩小这种差距。在分析学生的表现时，他应用了类似"山脊"（平均成绩表现者）和"尾部"（表现最差者）的方法。史塔尼斯校长补充道："我们探讨了如何消除那些处在尾部的表现不佳者以及如何移动山脉。我们有意识地决定先解决消除那些处在尾部的表现不佳者的问题。"在数据团队中，职工们探讨如何有效地减小并且最终消除那些表现不佳的学生的数量。

史塔尼斯校长关于缩小学生间差距的决定

1. 关注数据，关注成绩差距，领导数据团队。

2. 在学校层面上关注处在曲线尾部的学生（成绩不佳的少数种族学生）。

3. 设立时间表并为成绩优异的学生提供指导。

4. 关注低级别的课程的教学问题。

史塔尼斯校长同时发现大学先修课程中少数种族学生的数量特别少，这一点尤其让人不安。在高中工作了五年之后，史塔尼斯校长和他的教职工探讨了如何移动"山脊"的问题。他们觉得首先要找出那些平均成绩表现者，并且鼓励这些学生去参加高级课程。史塔尼斯校长向他的教职工咨询了可能存在的阻碍。他似乎对于拒绝同时致力移动山脊和尾部的做法感到不满意。史塔尼斯校长接着说道："这就是问题的两难之处：我信任他们吗？也就是说，我相信他们和我一样有着移动山脊的共同目标吗？这些就是需要做这些工作的人。"

史塔尼斯校长需要决定究竟应该关注差距的哪一方面。是要关注那些表现不佳的学生，还是要把学生移至更高级别的课程呢？他也需要决定什么时候去转移学校的关注点。史塔尼斯校长不情愿地同意了他部门领导的一些主张。这些人认为现在针对"尾部"的工作还没有达到可以把关注点转到"山脊"上来的地步。他强调了听取教职工意见的重要性，并且说那是他工作的一部分。史塔尼斯校长说："我希望我们针对那些有困难的学生的工作，那些针对成绩是D和F的学生的工作能够做得更好。我们有学生在更早的课程中取得了许多C的成绩。"在承认他让他的教职工同时关注这两点的局限性，史塔尼斯校长也注意到如果要想让学校的关注点从那些成绩优秀的学生处移动，这是非常困难的。史塔尼斯校长决定推迟学校层面的努力，并且补充说他们会再花一年的时间关注那些成绩不好的学生。当职工们提高他们针对差生的能力时，他们也会针对那些成绩优秀的学生提出一些有用的策略。

史塔尼斯校长做的另外一个决定是要考虑教学的问题。"现实的情况告诉我，我们要做的事情是要真正地从教学上关注那些低级别的学生。这对于老师来说是新的挑战。我教了，然而你却没有懂，也许我需要用另外一种方式教学。"史塔尼斯校长承认了规范低级别课程的重要性。他认为要规范这些低级别的课程来确保这些课程中的教学是有质量的。除此之外，史塔尼斯校长一直以来也在致力于为他的学校灌输新的校园文化。他希望老师们能够把注意力集中到学生们学到的内容上，而不是他们所教的内容上。鲍尔和法扎尼倡导了一种高杠杆比率的教学方法。这样的教学方法会影响到学生学习效果和教师教学的过程。"教学的基本目的就是要让学生们掌握知识和技能，并且提高他们的社会和情感认知能力。"

最后，史塔尼斯校长还决定开始对那些有可能进入高级课程班的一小群少数种族学生提供一些指导。史塔尼斯校长描述了一个已经实施了的项目："我们让那些本来没有机会参与到高级课程的学生参加了进来。我们为学生们参加微积分课程提供了一条道路。"尽管他并没有具体地指明项目参与者的总人数，史塔尼斯校长也提到说有5位学生参加了大学先修课程的测试。这5个人中有4个人通过了这样的测试。本章之前也提到过，学生们必须在大学先修课程测试中取得3分到5分的成绩，他们才能被认定为是通过的。5分是能够取得的最高分，既然这样，那5位学生中有3位取得了5分的成绩，这是很不寻常的。尽管5位学生数量太少，但是把数量扩展到参加大学先修课程微积分的做法是值得赞赏的。

坎特雷尔校长：重视非裔和拉丁裔的男学生

坎特雷尔校长（马萨诸塞州）在她的郊区小高中做出的缩小学生成绩差距的决定取得了一些巨大的进步。坎特雷尔校长主导了一项两年专业化发展计划，这项计划主要是关注非裔男学生的表现。坎特雷尔校长宣称："过去几年间，我们的学校受到了美国教育部的表扬。我们的有色人种男学生的成绩更好（高于州和全国平均水平）。作为一所拉丁裔学生成绩更为优秀的学校，我们学校的拉丁裔男学生的成绩表现被加斯顿研究所赞赏有加。位于波士顿的麻省大学马克利加斯顿拉丁社会研究中心主要关注一些政策性的问题。这些政策性的问题对于拉丁裔的学生很重要。加斯顿研究中心极力吹捧了托贝坎特在拉丁裔学生工作中取得的成功。也就是学校的多样性、核心价值观念、思维习惯以及安全保障协议等方面的成功。托贝坎特的拉丁裔和非裔学生的成绩取得了很大的进步。

坎特雷尔校长缩小成绩差异的决定

1. 主导一项为期两年的专业发展计划，主要关注非裔男学生的表现。

2. 支持针对拉丁裔和非裔男学生的项目。

3. 将托贝坎特高中的重心转移到提供大学预备课程上。

在坎特雷尔校长的学校，四年期的毕业率是90%，而退学率是2%。有95%的学生（其中有40%是黑人学生，47%是拉丁裔学生）进入了四年制的大学。坎特雷尔校长对托贝坎特高中的非裔男学生的指导教师很支持。她这样的目的是为了发展一项针对有色人种学生的项目。这个项目主要是为了应对来自社会的期许以及实现梦想。参加这个项目的男学生每周都会会面，同时他们还会参加领导力课程和服务类课程的学习。参观传统的黑人学院和大学也包括在了这个项目之中。托贝坎特高中另外两个团体主要关注男学生的健康以及体育成绩，同时比较重视拉丁裔和非裔学生男学生的社会和情感知识的增长。

根据州评价系统的标准，托贝坎特高中的拉丁裔和非裔学生的表现在全州的平均水平之上。如表8.5所示，非裔及拉丁裔学生2012和2013两年马萨诸塞州统一测试的英语/语言艺术课程的不合格率为零。而对于马萨诸塞州统一测试的数学成绩而言，非裔学生在2012和2013两年的不合格率为零，而拉丁裔学生在2012年的不合格率为零，在2013年的不合格率为2.6%（见表8.6）。坎特雷尔校长补充道："我们的学生成绩越来越好，但是在非裔和拉丁裔学生之间仍然存在着差异。许多英语学习者用到的方法应该被应用到非裔学生学习文学之上。在托贝坎特高中，文学的方法包括帮助学生增加学术词汇。同时学校还会提供一些策略，这些策略是由SIOP中心提供的。在这些策略中强调语言学习过程的重要性并且尤其重视为学生提供听说读写练习的机会。"

表8.5 　托贝坎特高中

马萨诸塞州的英语/语言艺术课程统一测试 2012年与2013年十年级学生成绩情况				
学生种族	高级/精通		不合格	
	2013	2012	2013	2012
白人学生	学生人数少于10人，并未提供数据			
黑人学生	89.9%	85%	0%	0%
拉丁裔学生	97.3%	97%	0%	0%

出处：摘录于马萨诸塞州中小学学生档案：2012年完整版成绩单，2013年完整版成绩单，学生之间的平衡需要有针对性的提升计划。

表8.6 　托贝坎特高中

马萨诸塞州数学测试 2012年与2013年十年级学生成绩情况				
学生种族	高级/精通		不合格	
	2013	2012	2013	2012
白人学生	学生人数少于10人，并未提供数据			
黑人学生	83.4%	69%	0%	0%
拉丁裔学生	79%	91%	2.6%	0%

出处：摘录于马萨诸塞州中小学学生档案：2012年完整版成绩单，2013年完整版成绩单，学生之间的平衡需要有针对性的提升计划。

　　坎特雷尔校长做的另外一个缩小学生间差距的决定是在托贝坎特高中寻求一些改变。希望把托贝坎特高中转变成为一所提供大学预备课程的高中。坎特雷尔校长提到："让学生为成年做好准备，为成为一个好公民做好准备，这样更为重要。我们过去从没有关注过大学教育。我举例说明了获得四年制的学位对于学生们的成年来说是很重要的。"坎特雷尔校长补充说那是一个更简单的决定。但是会碰到一些职工的反对。把学校转变为一所提供大学预备课程的学校需要在学校课程设置和学校运作方式上做出很大的改变。

亨利校长：向第一代大学生咨询

在帮助少数种族学生提高成绩的决定制订好之后，这些决定带来的是大学生数量的增长。那么究竟哪种形式的咨询才是对建议有着最佳效果的呢？一位白人校长，亨利校长回顾了和莎伦有关的一段经历。莎伦是他的一位十二年级的非裔学生，这位学生的成绩在4.5以上。莎伦的妈妈是一位单亲妈妈，在伟纳热狗店工作。他告诉莎伦："你可以免费去读任何你想读的大学，只要是在地球上的大学你都可以去。"但是她的妈妈拒绝在联邦政府免费助学金申请表上签字。她说："我告诉过你4 326次，我不会在那份文件上签字。"

亨利校长知道，成绩超过4.5的莎伦可以申请到任何一所高排名的大学。他鼓励莎伦去申请几所在本州以外的学校。这些学校就包括了一所传统的为黑人女性提供高等教育的斯贝尔曼学院。莎伦曾经申请了一所规模较小的，并且不是很有竞争力的私人大学。"我努力劝服了她不去这所学校，最后我们申请了温斯顿萨兰姆州的北卡罗来纳农业与科技大学。我们把她带到了亚特兰大，莎伦最终也进入了斯贝尔曼学院。"在经济支持的基础之上，亨利校长补充说他得说服莎伦的妈妈，说明助学贷款是一种偿付学费的可行的方法。亨利校长承认莎伦的妈妈对于大学的生活费花销很担心。但是他告诉莎伦的妈妈这些费用负担在毕业之后都会由莎伦自己来支付。接着，亨利校长讲述了让那些来自贫民窟的学生及时抓住读大学的机会的重要性。这样的话，那些学生才有机会接受大学教育。在亨利校长的学校，学生们有着非常棒的SAT成绩，同时学校也会提供大部分的大学先修课程。因此，对于学生们而言，他们有多样化的选择。

　　在大学申请程序中，对于有色人种学生的高期待需要不断地维持。那些经过了高级课程挑战的学生应该去申请那些比较出色的大学。咨询程序应该更加个性化一点，而且我们应该更多地向第一代大学生们进行咨询。当作少数种族学生的工作时，我们得明白并不是所有的少数种族学生都需要同样级别的咨询服务。第一代少数种族学生对于咨询服务的需求和那些中产阶级、父母就已经是大学生的学生的需求是不一样的。

应用数据分析非裔和拉丁裔学生的表现

　　我们每周都会去看数据表。我们说这就是你们的成绩按照联邦州的标准所处的位置。

——华莱士校长

　　除了曾格校长比较重视数据分析之外，其他一些校长也分享了一些他们做过的关于重视数据分析的决定。这些重视数据分析的做法提高了有色人种学生的学习成绩。马里兰州的华莱士校长告诉我们说："我们每周都会去看数据表。我们说这就是你们的成绩按照联邦州的标准所处的位置。"华莱士校长每周都会和教职工就学生成绩数据的问题进行会面，之后那些教师还会和学生个人交流有关他们的成绩的问题。华莱士校长解释说："老师们也在制订基于他们自己学生表现的成绩报告。他们被要求每三个学期和学生进行三次会谈。他们会发现学生们的薄弱点并且制订出相关的计划。"华莱士校长学校学生通过马里兰州高中成绩测试的学生人数的数量是她刚到学校来时的三倍。

里昂校长为我们介绍了她看待少数种族学生的视角。"我观察和分析数据。我把他们看作是学生，是未来的大学生，是未来社会的公民。我们的期待是比较高的。我会注意观察学生们哪些方面做得还不是很好，然后我会制订一些计划。"她对于她学生们的看法指导了她如何制订解决学生们需求的计划。除此之外，里昂校长也对增长水平较低以及作息时间表会如何影响她学校的学生成绩很关注。什么时候才是最佳的学习时间呢？学生们在体育方面有所进步吗？她能够修改这些时间表来让学生们参加到体育运动中来吗？并且这样的做法不会让学生缺席一些核心课程吗？里昂校长是早期大学高中的校长。她很清楚要求学生去参加到体育运动对于提高男性差生的参与度很有作用。里昂校长补充道："我一直以来都在把我们学校的学生数据和其他的一些高中进行比较。"里昂校长对于她学校的少数种族学生的表现很了解，同时她也很关心她的学生的表现是否能够达到或者超越同地区的其他高中的水平。里昂校长应用这些数据来做决定以提高学生们的学习成绩。

亚当校长也补充道："数据是指导我做决定的有力工具。我会应用到大量的数据，比如EOC数据、EVAAS数据、纪律数据以及VOCATS数据。我花了半天的时间训练教职工重视数据的重要性。有多少孩子停了下来？

他们的种族是什么？"亚当校长决定定期地检查数据并且尤其重视非裔和拉丁裔学生的一些表现。这些表现包括了EOC数据、VOCATS数据以及EVAAS数据。佩伯校长在北卡罗来纳州的学校，非裔学生的数量是占大多数的。佩伯校长提到："对于学生的表现而言，我们会关注考试成绩。我们会关注哪个老师在纪律处罚表上出现的次数最多？这样的例子是哪些？学生的成绩以及纪律规定组成了决定的一大部分内容。"佩伯校长的大多数的决定包括了解释这些成绩表现和数据的内容。他会不断地询问这些数据究竟反映了何种的表现不佳的地区的情况。他也会应用数据来加强学生们行为回馈的沟通。佩伯校长认识到了一些行为模式并且得出了一些结论。这些结论都帮助他来提高非裔学生的成绩。

除了与数据分析有关的决策之外，一些来自马萨诸塞州、北卡罗来纳州和马里兰州的校长详细地阐述了他们做过的一些旨在提高非裔和拉丁裔学生成绩的决定。

提高少数种族学生成绩的决策

1. 决定聘用多元化的优秀教师。
2. 提供有质量的教学和全面的服务。

聘用多元化的优秀教师

马萨诸塞州的罗德里格斯校长特别提到了她的一项决定，这项决定是要注重雇用最好的老师到她的大多数学生为拉丁裔的学校中来。罗德里格斯校长聘用的教师能够在高度多元化的种族构成的学生中进行工作。这些学生中有一大部分是第一次来到这个国家的，他们的语言能力特别的差，他们学习起来特别的困难。在第六章，校长们描述了他们做过的聘用关心人的有能力的老师的决定。这些教师和学生们建立了互相尊敬的友好的关系。除了普遍地寻找最好的教师之外，马萨诸塞州的曼宁校长也在积极地寻找最好的有色人种的教师。曼宁校长实施了一个项目。这个项目是专门改善对少数种族教师的聘用情况的。校长们可以通过聘用教会、女子社团、兄弟会，传统黑人大学和拉丁研究机构中的成员来增加少数种族教师的数量。

北卡罗来纳州的里昂校长说："我会考察那些员工并且会使得人口的组成更加多样化。全面地了解每一个孩子，不让任何一个孩子掉队，不仅和学生也要和家长以及监护人员保持这样的关系。"里昂校长也决定要积极主动地增加教职工人员的多元性。她会领导那些教师，这样的话学生家庭的关系才能够优先被考虑到。里昂校长的学校是一所提供大学学前教育的高中，而且她的高中是在一所大学的辖区内的，因此她学校的学生有机会接触到大学的教育。里昂校长补充道："你需要不断地鼓励学生说他们有那样的能力。"佩里、斯蒂尔和希利亚德指出对于非裔青少年而言，为了让他们在学业上更成功，他们还有额外的社会、情感、认知以及政治能力的提高的需要。里昂校长认识到确保少数种族学生能够定期从老师以及那些管理者处获得信息是很重要的。里昂校长提出了这些措施来提高学校的成绩表现。

北卡罗来纳州的梅杰校长是另外一所提供大学学前教育的高中的校长，他解释说："大学学前教育项目是针对那些在大学中表现不佳的学生设立的。"梅杰校长具体解释说："我们必须在文化上保持一定的敏感度。我们的教职员工只有少部分是少数种族的。我们的老师都很优秀，他们和孩子们建立了良好的关系。孩子们知道不管肤色如何，老师都是关心他们的。"在本书的第三章中，有一些校长证实了他们所做的关于改善与学生关系的决定和校园文化的积极发展的关系。梅杰校长的学校有很多的少数种族的学生，同时也有很多的白人老师。梅杰校长和他的职工们讨论了进行文化反馈指导实践的重要性。有经验的校长们会寻找那些在文化上能够和学生进行沟通的教师。这些教师能够在人种组成多元化的学生群体中开展工作。他们会优先建立好师生关系并且促进学生取得更好的学习成绩。

提供优质的教学和全面的服务

马里兰州的杰弗里校长回顾了她旨在缩小学生间差距的决定。她所在的学校是一所贫困生居多、少数人种和多数人种共存的城区高中。她关注的重点是提供优质的教学和全面的服务。"让学生有许多获得成功的机会。我们在地区政府要求之前就开始实行学分回馈的政策。我们现在把这些活动安排到了周六。我们在工作日的时候引入了许多其他的东西。"杰弗里校长表示说在她的学校有一位家庭社区联络员和一位全职的社会工作者。尽管预算仅仅能够支持她聘用兼职的社会工作者，杰弗里校长要求要聘用一位全职的社会工作者。杰弗里校长还通过和马里兰大学合作为学生提供实习岗位来增加服务面。杰弗里校长将为学生们提供的社会服务称之为全面的社区服务。"我们参加了青年工作者计划——暑期职工项目。现在地区政府鼓励学校成为聘用学生进行社会实习的工作点。我们是一所职业技能培训的学校。"我们要求学生们完成实习和暑期工作时间。与此同时，杰弗里校长还与社会和商业伙伴合作以确保她的学生在工作中能够得到报酬。博伊金和诺格拉提出了一种策略，这种策略能够使得城区和郊区的贫困生居多的学校的学生有能力支持学业生活并且还能缩小学生间的成绩差异。和科梅尔学校以及黑人住宅区的学校全面服务计划模式一样，学校被建议将社会服务的措施同全面提高学业成绩的措施结合起来。

总结：制订缩小学生间差距的决策时需要考虑的因素

为了提高非裔和拉丁裔学生的成绩，校长们实施这些改革的决策都是根据公平和公正的核心价值观来制订的。他们认识到要想提高那些传统上表现不佳的学生的成绩就意味着对现行的学校政策和方针进行改变。这些现行的政策和方针正是这些学生成绩表现不佳继续存在的原因。在一些情况下，这些改变会触及精英学生的利益，甚至还会触及部分教师的利益。在这种的情况下，获得来自中央办公室的支持特别重要，尤其是在引入一些有争议的改革时。校长们愿意在短期内忍受一些不太舒服的情况，这样他们就能把他们的学校最终引至满足了学生们最大利益的方向。这些改变不是在毫无知觉的情况下发生的，我们需要留有时间和持反对意见的教职工以及一些对此事表示担忧的家长进行会谈。校长们需要在教职工和家长面前展示出他们所做决策的合理性。校长们还需要向家长们确保，孩子们的教育质量不会因为实施这些致力于提高少部分人成绩的改变而受到负面的影响。

　　辛苦工作以缩小学生间成绩差异的校长们在他们的努力过程中投入了大量的时间和精力。此外，缩小学生间的成绩差异需要得到全校范围的关注。校长们也主导推行了多年制的职业发展计划。这些计划是针对非裔的男学生的。同时，获得允许的教职工也会致力于为使少数种族学生取得优异的成绩而努力。在大学咨询的过程中，对于少数种族学生的高期待会一直维持下去。数据被用来决定如何制订学习计划表、分析学生的弱点以及识别恼人的模式。通过对于每周收集的数据讨论，我们发现了标准和学生成绩表现之间的密切联系，同时我们也看到了聘用多元化优秀教师和提供全面服务的重要性。正如之前已经阐释过的，来自马萨诸塞州、马里兰州以及北卡罗来纳州的校长们做出了一些关键的决策。他们的决策为缩小学生间的成绩差距做出了巨大的努力。

结语

　　这本书旨在为新手校长和欲提高自己专业水平的校长们阐明处理复杂和棘手决策的关键之处。专业校长在决策时需要考虑如下因素：校长本人的核心价值对决策的影响，学校文化对决策的影响，复杂决策的全局视野，让学院和教师参与决策。在决策当中，校长们已经做了周密的调查并且有相关文件可以支持决策都是很重要的。除此之外，本书还讨论了校长的政策会对学生造成怎样的影响，关于预算和人事变动的复杂决策，关于作息时间和提高非裔及拉丁美洲学生学术表现的决策。为了提高非裔和拉丁美洲学生的表现，校长们充分利用了第一部分中提到的策略，即按照核心价值的导向并且根据学校文化来制订对策。校长们还需要审视全局，扩大观察视野，形象化决策，考虑决策对他人的影响，并且让相关人士也参与到决策中来。

解决对策

教室巡查表

学校：_____　老师：_____　日期：_____

班级：_____　视察人：_____　时间：_____

课程计划：_____　课程重点：_____

是否有详细的课程计划：_____　学生是否掌握了课程重点：_____

课程目标是否与总体进度相符合：_____　是否迅速切入正题：_____

课程内容	促进学习	课堂管理	为不同的学生提供合适的学习环境
○内容生动有趣，便于理解 ○提问方式能有效地引导学生思考 ○使用核心单词表和关键概念 ○教学方法多样化	○和上一节课的联系 ○适当地安排课程进度 ○使用多样化的教学方式 ○教学安排环环相扣 ○将课堂内容和现实生活相联系 ○严格的教学要求	○课堂纪律 ○及时阻止不当行为 ○建立课堂行为规范 ○节奏切换流畅 ○学生参与度高	○使用来自不同文化的实例 ○让所有的学生都参与课堂活动 ○营造积极向上、相互尊重的课堂氛围 ○为有特殊需求的学生调整教学方法

长处：	需要提高之处：

当前作息时间表

正常下课	提前下课	X型级放表	第一天 HR	第二天 HR	第三天 HR	第四天 HR	第五天 HR	第六天 HR	第七天 HR	第八天 HR
7:25-7:30	7:25-7:30	7:25-7:30	A	H	G	F	E	D	C	B
7:34-8:21	7:34-8:08	7:34-8:10	B	A	H	G	F	E	D	C
8:25-9:12	8:12-8:45	8:14-8:51	C	B	A	H	G	F	E	D
9:16-10:03	8:49-9:23	8:55-9:32	D	C	B	A	H	G	F	E
10:07-10:54	9:27-10:00	9:36-10:13 / 10:17-10:54	E	D	C	B	A	H	G	F
午餐：10:54-12:19	10:04-12:19	10:54-12:19	F	E	D	C	B	A	H	G
12:23-13:10	10:42-11:15	10:54-12:19	G	F	E	D	C	B	A	H
13:14-14:02	11:15-12:42	13:14-14:02	H	G	F	E	D	C	B	A
轮休										

正常时间表和X型级放表的午餐时间表

第一午餐	第二午餐（将一节课分成两部分）	第三午餐
午餐：10:54-11:24	上课时间：10:58:-11:22	上课时间：10:58-11:49
上课时间：11:28-12:19	午餐：11:22-11:52	午餐：11:49-12:19
	上课时间：11:52-12:19	

提前下课的每周三午餐时间表

第一午餐	第二午餐（将一节课分成两部分）	第三午餐
午餐：11:15-11:45	上课时间：11:19:-11:43	上课时间：11:19-12:10
上课时间：11:48-12:40	午餐：11:43-12:13	午餐：12:10-12:42
	上课时间：12:13-12:42	

新作息表提案

六乘八 模式

将每天分为八块，共六节正课（六节五十七分钟的课和一节一小时的课）

日期	1	2	3	4	5	6	7	8
HR 7:25-7:30 5'								
7:34-8:31 57'	A	B	C	D	A	B	C	D
8:35-9:32 57'	B	C	D	A	B	C	D	A
9:36-10:33 57'	C	D	A	B	C	D	A	B
10:33-12:03（午餐） 90'	E	F	G	H	E	F	G	H
12:04-13:01 57'	F	G	H	E	F	G	H	E
13:05-14:02 57'	G	H	E	F	G	H	E	F
轮休	DH	AE	BF	CG	DH	AE	BF	CG

对当前时间表的修改

将每节课的时间延长了十分钟

早上的课程循环（ABCD），下午的课程循环（EFGH）

每天有两门课轮休

午餐时间表

	午餐（30分钟）	课堂（60分钟）
第一次	10：33—11:03	11:03—12:03
第二次	11:03—11:33	10：33—11:03，11：33—12:03
第三次	11：33—12:03	10：33—11:33

校长调查问卷

姓名：　　性别：　　校名：

简介：

感谢您参与我的调查，并完成这份问卷。

这次的调查主要是针对来自这些州的二十一名校长：马里兰州，马萨诸塞州以及北卡罗来纳州。你的回答一定会被认真对待；我们不会在你的回答旁边标注真名，所以没有其他人会知道你的答案。答案的长短没有严格要求，你可以随意写上任何你想说的。这些问题也没有标准答案，我只想知道你是怎么认为的。在这次调查之中，我会用笔认真记录，如果你能够允许的话，我会使用笔记本电脑。所以你更倾向于让我是用笔还是电脑记录？

1. 你当校长几年了？

2. 你在这所中学当校长几年了？

3. 在当校长之前，你做过几年老师？

4. 你做过几年的助理校长，顾问，或者学区主管？

5. 你毕业于哪一所大学？学历是什么？

6. 你的种族背景？

7. 你做过的两个最艰难的决定是什么？那时候你考虑了哪些因素？

8. 你在做决策时会想什么？

9. 你在做决策时会寻求帮助吗？

10. 你一般会花多少时间去做一个决定？能否举个例子？

11. 一般而言，什么东西会让决策变得复杂？

12. 能不能说一个特别难的决策？

A 你在做决策时的原则是什么？

B 那个决策的影响是什么？

13. 什么会影响你的决策？

14. 之前的经历会影响后来的决定吗？

A 如果会的话，能不能谈谈是怎样影响的？

15. 你是否曾经受到某个领导力理论或者相关学说的影响？

16. 你在决策时还会考虑什么？

A 你有特定的指导原则吗？

B 如果有，你可以详细说明一下吗？

17. 外部因素对你决策的影响有多少？

18. 你做过的最简单的决定是什么？

A 它为什么那么简单？

19. 你会怎样形容自己学校的文化？它对你的决策造成了怎样的影响？

20. 简单介绍你学校里的非裔和拉丁美洲学生的表现。

21. 你做过有关于非裔和拉丁美洲学生的决策是什么？

22. 在决策时你会注重数据分析吗？

23. 在决策中，你善于分析吗？

A对此你可以详细谈谈过程吗？

24. 你会将信息分门别类然后解析成一个又一个易于解决的小问题吗？

A你可以详细谈谈这个过程吗？

25. 你会用模板应对类似的问题吗？

A你可以详细谈谈吗？

26. 以下是校长关键问题处理步骤。如果你也会这么做，请在那一行前面打钩。

比较类似先例

确定制约因素

直面冲突

重视学生项目质量

收集数据

及时知会家长

分工授权

计划对策

分析长远影响

跟进后续处理

分析不同场景

A你可以详细谈谈自己的处理过程吗？

27. 你会怎样形象化分析对策？

A你会预测最终结果吗？

28. 你会使用非常规的思考方式吗？这里的非常规指的是可能被视为

离经叛道的极端想法。

29. 你是否曾经使用比喻性的思考方法？这里的比喻性思考指的是制订特殊的符号并将问题具象化。

30. 你是否曾经使用问题处理框架？我指的是你是否会从所有能想到的角度审视问题，比如鲍尔曼和迪尔提出的(1)抽象结构；(2)人力资源；(3)政治因素；(4)有代表性的画面？

为了避免你对于上述观点的陌生，以下是简单概括：抽象结构指的是理论原则。人力资源则强调人、人与人之间的关系和授权。政治因素指的是互相冲突的利益和谈判。有代表性的画面则指的是文化、固定程序和灵感。

31. 你会通过充足的休息来保证注意力的集中吗？

A集中你的注意力指的是将大量的时间花在思考并保证充足的夜间睡眠。所以问题即你是否注重保证自己思维的敏捷度？

32. 你觉得自己的各种经历对于决策是否有所帮助？你想获得哪些经历？

第一章

解决对策：案例分析1：开始一切都很顺利—— 一个错误的决定对校长的损害

1. 洛娜博士应当首先弄清楚自己学校里到底有没有调整作息时间表的需求，然后和自己的领导团队讨论如何进行调整，最后考虑这个调整会带来什么影响，师生会支持还是反对。除此之外，洛娜博士还可以寻求地区负责人的支持和帮助。

虽然她和一些老师进行了会谈，但是在会谈当中，洛娜博士并没有涉及任何时间表修改可能会出现的问题，例如，如果咖啡店里同时等候用餐的人数太多怎么办，教师会不会觉得密集的上课时间过于疲劳，还有将午餐时间定在十点四十会有什么影响。这些问题都不应该被忽视。如果洛娜博士不能在实施计划前明确自己可能遇到的问题，那么就不应该莽撞地决定修改时间表。对于学校来说，时间表是很重要的，这么大的变革不能没有经过周全的考虑就轻易拍板。

2. 洛娜博士应当建立流畅的反馈渠道。如果她能够做到这一点，老师们就不会转而去向家长抱怨。她过于沉浸在自己的改革之中，以至于完全忽视了自己的支持正在日益减弱的事实。她可以在课间，在咖啡店，在会议上，在各种正式或者非正式的场合与老师们讨论这个问题然后了解老师们的顾虑和不满，但是她都没有做。虽然决定做出之后最忌摇摆不定，但是至少要留有修改和转圜的余地。

3. 最理想的课程调整应该在学生和家长见到时间表之前做出。如果在开学三周之后再进行调整，老师、家长、学生和顾问都应当参与到决策过程之中。安排课程时需要考虑种族、性别，以及学术能力等因素。同时，还要保证英语学习者和接受特殊教育的学生的需求。在必要的时候，尽量为面临毕业的学生和学生运动员做出更加合适的课程安排。除非学生们特别不喜欢自己的老师，否则在三周之后，他们已经习惯了这个老师的授课方式，学生之间和师生之间都建立了紧密的关系，这个时候再想让他们换到另一个班级，重新适应一个新的老师，新的同学，可想而知学生们会有多抗拒这种情况。新的班级拥有的志愿者数量和学生数量都会比其他班级少，因为大部分学生会选择待在原来的班级（除非那个班级的人数过多）。如果一定要做出调换班级的决定，相关的规定必须被严格执行。

4.洛娜博士没有意识到自己在短时间内做出了过多变革。老师们还没有适应第一个变革，紧接着又出台了第二个、第三个。虽然原则上校长应当遵守中央办公室的政策，但是如果这样的政策会大大加重教职工的工作负担甚至难以实施的话，校长们应当及时向办公室说明。如果是州府法律规定，没有转圜的余地，校长们可以提交申请，要求延长时间期限，或者申请该变革对即将毕业的学生不适用。然而在这个案例中，这些解决办法都没有起到作用。由于争议太大，这次变革在半途就搁浅了，最后不得不分出精力修复学校氛围，而不是提升学生的学术表现。

第一章

解决对策：案例分析 2：有效地定位错误

按照姓氏排序，斯特德曼校长向她的顾问展示了十二名学生成绩单上的错误。斯特德曼校长明确表示必须要修正这些错误，也制订了详细的计划防止这些错误再度发生。

1. 为了给顾问们充足的时间去修改这些错误，斯特德曼校长允许他们将学院会议的时间用来统一培训该如何避免成绩单上的错误。由于这些错误主要集中在非裔学生和拉丁美洲学生的成绩单上，所以每个顾问主要的任务也是检查自己所负责的非裔和拉丁美洲学生的成绩单还有没有其他遗漏掉的错误。在时间允许的情况下，还要对其他顾问已经检查过的成绩单进行复查。

2. 斯特德曼校长专注于暴露问题，然后解决问题，并且防止这类问题再次发生。她并没有追究相关顾问的个人责任，而是给他们提供了额外的时间去改正这些错误。

3. 对于成绩单上的错误，顾问们应当和学生以及家长及时沟通。

第五章

解决对策：案例分析 3：变形的年刊图片

1. 由于莫兰特萨里高中有着一千九百名学生，而且新一期的年刊已经印刷并且在十年级学生当中发放了，你几乎不可能回收所有的书刊。而在十年级毕业之前重新编辑并印刷出新的年刊，无论是从时间上还是经济上都是不可行的。

2. 在做出相应处理之前，一定要进行彻底的调查。他们询问了一些学生，并做了书面记录。年刊的负责人莫贝老师在这件事中的立场就颇为尴尬。虽然是她签署批准年刊的印刷，但是在正式印刷之前她并没有看过定稿。在收集了相关证词之后，斯特德曼校长和曼迪进行了谈话。

3. 由于事件比较敏感，直到斯特德曼校长对来龙去脉有了大致的了解，并从曼迪那里得到了一份书面说明之后才联系了双方家长。

4. 在曼迪承认自己的行为是有意为之之后，斯特德曼校长考虑对她进行停学处分。那时候离期末考试已经没几天了，而十年级学生毕业的日子更是愈发逼近。

5. 虽然斯特德曼校长在考虑是否需要禁止她毕业或者参加毕业舞会，但是在处分决定宣布之前舞会就已经举办了。斯特德曼校长意识到往往家长会比学生更重视能否顺利毕业。禁止学生毕业的结果是无法挽回的，只有在极端情况下才能对学生处以禁止毕业的处罚。而且一直以来也没有将禁止参加毕业仪式作为纪律处分的规定。

6. 曼迪还是国家荣誉协会的成员。但是因为只有学院委员会有资格开除该协会的成员，斯特德曼校长将这件事告诉了学院委员会，而他们最终也开除了曼迪。

7. 曼迪已经被大学提前录取。所以曼迪的父亲在大学的相关负责人不得不做出选择之前就将这件事情告知了他们。

8. 斯特德曼校长不得不想办法应对媒体的攻击，虽然大部分的压力都是指向中央办公室的。海伦的爸爸决定联系当地的电视台，将这个故事广而告之。

9. 最后，曼迪受到了停学数天的惩罚，并且需要支付印刷少量校刊所需的经费。这些重新印刷的校刊一部分会给海伦和她的家人，而另一部分则会留在学校里，海伦的朋友也可以收到经过修正的年刊。

10. 斯特德曼校长花了很多时间来和家长、学生、老师沟通，并处理这件事对整个学校的影响。其中，最重要的是要和海伦好好沟通，并帮助她从这件事当中走出来。

第五章

解决对策：案例分析 4：网上欺凌

1. 豪厄尔校长和自己的助理校长格雷老师以及马丁的顾问一起重新看了一遍他们从贾斯伯那里收到的关于马丁的信件。在确认了格雷老师对于之前的欺凌行为并不知情之后，他们把这件事告诉了贾斯伯。贾斯伯夫人和顾问之前谈过一次，但是那时候她并没有想要求学校处理山姆和戴安娜。在之后的谈话中，如果顾问收到了这方面的信息，应该及时告知助理校长。

2. 贾斯伯夫妇很生气，并且表示会考虑采取法律行动。豪厄尔校长将校警的联系方式给了贾斯伯夫妇，并表示如果在诉讼过程中有需要可以随时联系他。

3. 豪厄尔校长和马丁现在就读的萨里格林高中的校长联系，交流了该如何帮助马丁从心理伤害中走出来。

4. 豪厄尔校长承认了学校在强制力上的不足。只有在学校里进行的网络欺凌或者网络欺凌实际上破坏了学校秩序的情况之下，学校才能对这类行为进行干涉。关于在商场里发生的事情，豪厄尔校长鼓励贾斯伯联系当地警方并寻求他们的帮助。

5. 最后，山姆和戴安娜由于网络欺凌和骚扰受到了停学处罚。

第六章

解决对策：案例分析 5：教师无视地区政策

1. 针对第一起事件，曾格校长被迫签署了纪律处罚决定。她让那位学生停了课。

2. 第一起事件之后，曾格校长和欧文老师进行了会谈并向他发出了一封正式的训诫信，但是决定并不对他进行其他的处罚。曾格校长说她感觉她除了如实地记录下这件事情外别无选择。第二起事件中，那位学生被处以长期停课的处罚。曾格校长在处理欧文老师这件事的时候，显示出了极大的耐心。欧文老师还是一位终身制的老师。曾格校长和欧文老师又进行了一次会面，并决定只给他一份书面的训诫书而不再处以其他的纪律处罚。欧文老师两次违反了地区政策，他让学生借给他被地区法律视为武器的东西。这也是第二次学生因为欧文老师的要求而受到了处罚。当第三件事情发生时，曾格校长决定向人力资源部门和学校董事会寻求建议。这两个部门共同决定同意给欧文老师最后一次机会。曾格校长为大家分享了做一些艰难的决定的重要性。在做这些决定的时候，校长们需要处理好与老师有关的事务，并且记录关于老师的行为会把学生置于怎样的境地的一些顾虑。

曾格校长接着说道："我注意到其他的领导有一个特点，他们不会做一些细小的决定来让老师保持责任感，他们并不是怀着恶意做这些决定的，但是这样会使得做这些决定更加的困难。在很多情况下，我是在保护老师，因为如果有家长要提起诉讼，我可以说我已经采取了一些措施，因此这位家长不用上法庭去雇用一位律师。要让人们保持责任心是很困难的。初衷并不坏，但是结果影响却很坏。一直不断地做一些细小的决定，这是很有挑战性的。也许直接说：'不要再那么做了。'这样会更容易，特别是当你的老师是一位孩子们都很喜欢的老师的时候。我主要的工作是解决学生成绩差距的问题。他很支持我的这一项工作。但是，与此同时，我也得确保每个人都在遵守标准的规定，不管他们是不是我的支持者。到最后的时候，事情变得很容易了。如果之前有一些不好的事情发生，文件里将不会记录任何内容。我决定要让他保持责任心，并且记录下来。这是我在宏观层面上做出的决定。但是在多数情况下，都只会一封不会公开的信出现在他们的文件中。但是在这个案例中，一旦事情发生了，我就得记录下来这些事情。"

3. 尽管对那些携带了道具和毒品到校园中来的学生，学校按照规定应该进行处罚。但是这并不能使家长们不去质疑对他们的孩子进行搜身的合法性。因为违反了学校委员会的纪律规定，曾格校长需要对学生进行纪律处罚。

4. 曾格校长提到尽管这很困难，但是她相信她记录下来这些顾虑的做法是在保护她的老师。如果她没有采取行动，她认为家长会提起法律诉讼。

曾格校长反复地说道，有些时候我们需要做出一些很痛苦的决定以满足老师的最大利益。如果没有被发现，欧文老师可能会认为他的行为是可以被接受的。欧文老师违反了地区的政策，他让学生携带了武器。并且他的做法使得他的学生受到了严厉的处罚。他还在没有询问家长和校长的意见的情况下，在教室里播放有性行为的录像。曾格校长并没有放过那些明目张胆的行为。她管理了这件事，并且记录汇报了这件事。她还咨询了人力资源部门和学校检察官。她显示出了耐心。欧文老师是一位很受学生欢迎的享受终身制待遇的老师。曾格校长主动地去和他进行了会谈，并且选择避免对他进行停课的处罚。她很讲究方法地和老师进行了书面和当面的沟通。在一些文件签署了两年过后，她决定颁布终止令和强迫辞职书。这些事情并不都是相互关联的，但是欧文老师的行为是对学生的极度不负责任，同时也违反了地区的法律规定。因为曾格校长每次都选择直接处理这些问题。当很明显欧文老师需要被开除和勒令辞退的时候，有充足的证据来支持她的这一项决定。当接下来第四起事情发生后，欧文老师辞职了。

第七章

解决办法：案例分析6：学校强制搬迁

1. 坎特雷尔校长做的第一个决定就是要确保老师、学生和家长都得知了此事。坎特雷尔校长选择召开了一次全体学生大会。在会上，她告诉学生们，她还没有决定要把学校搬到这座城市的另一个地方。她也告诉学生们关于这次学校搬迁的细节还没有确定下来，但是她想就接下来的步骤和同学们保持沟通。

2. 坎特雷尔校长同意发布申请信，表示学校搬迁的决定是协作性的，但是她决定不在搬迁协议书上签字。因为认为协作申明不具有很高的有效性，坎特雷尔校长决定去挑战一下她的主管领导们。在正式宣布学校搬迁之前，坎特雷尔校长决定先同她的学生们进行会谈。这样坎特雷尔校长和她的主管领导之间关系紧张了起来。坎特雷尔校长决定她要是那个给学生通知搬迁事宜的人，她希望学生们先从她那里得知此事。

3. 坎特雷尔校长和城市议员取得了联系，情况变得复杂了起来。议员想要为那所小学说情。那所被要求强制搬离出那幢大楼以便让托贝坎特高中搬进来。然而，议员却不愿意干涉到托贝坎特高中和学校部门之间的事情。

4. 坎特雷尔校长分享到，当她在掌控局势的时候，她需要决定何时去推动、如何去推动以及何时划定时间线。她也在何时公开、何时保持私密上纠结。如果政治上的压力很清楚，那就是有权势的长期在位的市长对于学校搬迁很支持，这也许就不是需要参与的政治斗争。校长们常常需要面临如何与中央办公室的管理者以及一些主管领导打交道的决定。特别是在不准确的信息在社会上开始流传开的时候，要确保遵循了协作的决策程序。公开或者是私下里不同意主管部门的意见，这在政治上是冒很大风险的。特别是不同意的事情还是主管部门在推行的。现在搬迁几所城区的学校就是这样的情况。坎特雷尔校长选择站在政治中立的立场上。她决定不去大力地反对学校搬迁。在做好决定之前，她寻求了一位城市议员的政治支持。她也决定不在那封说她同意这样决定的书面文件上签字。但是她并没有跨越红线，她拒绝发送那封邮件。相反，她答应了管理者的请求，发送一封没有修改过的信，但是坎特雷尔校长说她不会在那上面签字。最后，尽管搬迁数年后她和管理部门的关系一度紧张，主管部门的领导退休了，坎特雷尔校长，这位我们这个地区长期在位的校长，依旧坐在托贝坎特高中校长的职位上。

专有名词表

家校通系统：一种电子通知系统，被广泛地应用于从幼儿园到十二岁的儿童教育当中，能够将通知及时送达家长、教职工和其他人，也可用于紧急情况下的通讯。通知可以在几分钟之内以电话、短信、邮件或者其他形式送达。

核心价值：组织或个人所持有的，足以影响其行为态度的指导原则和基本信念。

文化回应教学：课堂教学应当根据学生们的背景灵活进行，同时制订高标准严要求。

期末考试：期末考试是州府标准化测试的一部分。在有些州，期末考试的科目包括数学、英语、社会、科学四门课，考试对象则是九年级生到十二年级生。

教育增值评估系统：允许教育者可以具体衡量每一个学生的成长和进步。在北卡罗来纳州，这种自定义的评估系统被用于衡量学生们的学习表现以及老师的教学成果。

例外教育：特殊教育的同义词。例外教育是根据每个残疾学生的实际情况，因人而异、有的放矢地进行教学的一种教育方法。

启发式决策：戴维斯将启发式决策定义为"通过内容分块模式将问题

分割成一个个较容易解决的部分从而运用经验法则。经验法则意味着运用公认的超规则将信息在心中组成一个完整的架构"。

个性化教育项目：个性化教育项目指的是根据学生的缺陷，确定他所需要的特殊教育。个性化教育项目实际上是一份法律文件，包括了目标、宗旨以及适用对象。

听证会：如果一个接受特殊教育的学生最后很有可能被转学、停学甚至劝退，那么校方必须举行听证会来讨论决定合理的纪律处分结果，以及该学生的身体残疾是否属于减轻情节。听证会上提出的问题主要围绕着违纪行为是否和学生的残疾有关而展开。

METCO: METCO是地区反种族歧视项目志愿者协会的简称，协会致力于消除种族歧视，活动经费主要来自于马萨诸塞州政府。目前该协会的服务对象是波士顿郊区的三十三所学校以及斯普林菲尔德以外的四个学区，共计三千三百名非白人学生。他们每天接送这些学生从波士顿或者斯普林菲尔德的家到学校。METCO的员工们为了提高非白人学生的学术表现、增进社会认同而不断努力。除此之外，METCO的员工还会帮助那些来自于城市的学生尽快适应郊区生活。

国家教育评估系统：又称国家成绩单，包括对学生阅读能力，数学，科学，写作，艺术，思想品德，经济，地理，美国历史，以及科技创新和工程素养的成绩评估。

学校委员会：为本学区的学校制订相关政策的机构。

特殊教育：在一部分接受采访的校长当中，他们更倾向于适用特殊教育这个词，而另外一部分人则喜欢适用例外教育。特殊教育就是根据残疾学生的需求进行教育的方式。

考试内容解构：对于考试内容的解构（一种保证课程连贯性的方式）。致力于"将公布的考试范围和试题形式解构成更小的知识点来衡量测试要求达到的认知能力以及内容种类"。

温加滕权利：指拥有工会代表出席调查性采访的权利。

致　谢

最先要感谢的人是我的丈夫，保罗。谢谢你这一路上对我的信任和支持。

然后是我的儿子，米歇和保罗。谢谢你们的理解、独立、拥抱、微笑和鼓励。

感谢北卡罗来纳州、马里兰州和马萨诸塞州的21位校长。面对出乎意料的挑战和令人恐惧的选择，你们的诚实、无私和勇气都让我印象深刻。

感谢盖尔 L.汤姆森把我介绍给丹，后又介绍我认识阿尼斯。

感谢团队里的所有人，尤其是执行编辑阿尼斯 E.本维科威，主任编辑戴思丽 A.巴特利特，市场主管丽萨莱斯纳，专案编辑维罗妮卡霍普，文字编辑狄安娜诺佳，编辑助理安德鲁奥尔森，营销助理金伯利施密特。

感谢校长黛布拉桑德斯-怀特，迪安怀内特李，还有将我带入北卡罗来纳州中央大学这个大家庭的主席劳瑞尔 C.马龙。

另外，还要感谢我的朋友兼摄影师佩吉戴维斯。谢谢你的耐心，还有出众的才华。

感谢米歇尔，琳达，塔马拉，吉娜，卡门，欧拉，约翰娜，贝斯，安德拉，万娜莎，卡洛琳，维维安和艾丽诺对我的鼓励、支持和爱。

参考文献

Ball, D. L., & Forzani, F. M. (2011). Building a common core for learning to teach and connecting professional learning to practice. *American Educator*, 35(2), 17–21, 38–39.

Boykin, A. W., & Noguera, P. (2011). *Creating the opportunity to learn: Moving from research to practice to close the achievement gap.* Alexandria, VA: ASCD.

Brenninkmeyer, L. D., & Spillane, J. P. (2008). Problem-solving processes of expert and typical school principals: A quantitative look. *School Leadership & Management*, 28(5), 435–468.

Brown, M. (2014, May 19). Update: State judge rules in favor of teachers group on tenure law. *News & Record*. Retrieved from http://www.news-record .com/news/ article_543d7e02-dcea-11e3-8c38-001a4bcf6878.html .

Bullock, K., James, C., & Jamieson, I. (1995). An exploratory study of novices and experts in educational management. *Educational Management and Administration,* 23(3), 197–205.

Chi, M. T. H., Glaser, R., & Farr, M. J. (1988). *The nature of expertise.* Hillsdale, NJ: Lawrence Erlbaum.

Cohen, J., Pickeral, T., & McCloskey, M. (2008/2009). The challenge of assessing school Climate. *Educational Leadership*, 66(4). Retrieved from http:// www.ascd. org/publications/educational-leadership/dec08/vol66/ num04/The-Challenge-of-Assessing-School-Climate.aspx.

College Board. (2013a). *The 10th annual AP report to the nation.* Retrieved from http://apreport.collegeboard.org/.

College Board. (2013b). *College-bound seniors total group profile report.* Retrieved from http://media.collegeboard.com/digitalServices/pdf/research/ 2013/ TotalGroup-2013.pdf .

Connolly, M., James, C., & Beales, B. (2011). Contrasting perspectives on organizational culture change in schools. *Journal of Educational Change*, 12(4), 421–439.

Copland, M. A. (2003). Developing prospective principals' problem-framing skills. *Journal of School Leadership*, 13(5), 529–548.

Davis, S. (2004). The myth of the rational decision maker: A framework for applying and enhancing heuristic and intuitive decision making by school leaders. *Journal of School Leadership,* 14(6), 621–652.

Dufour, R. (2007). In praise of top-down leadership. *School Administrator,* 64(10), 38–42.

Dufresne, P., & McKenzie, A. S. (2009). A culture of ethical leadership. *Principal Leadership,* 10(2), 36–39.

Echevarria, J., Richards-Tutor C., Chinn, V. P., & Ratleff, P. (2011). Did they get it? The role of fidelity in teaching English learners. *Journal of Adolescent & Adult*

Literacy, 54(6), 425–434.

English, F. W. (2006). *Encyclopedia of educational leadership and administration.* Thousand Oaks, CA: Sage.

Fendler, L., & Muzaffar, I. (2008). The history of the bell curve: Sorting and the idea of normal. *Educational Theory, 58*(1), 63–82.

Fullan, M. (2008). *The six secrets of change: What the best leaders do to help their organizations survive and thrive.* San Francisco, CA: Jossey-Bass.

Fullan, M. (2011). Change leader: *Learning to do what matters most.* San Francisco, CA: Jossey-Bass.

Homer-Dixon, T. (2000, November 24). Leadership captive. *Toronto Globe and Mail*, p. A15.

Leithwood, K. A. (1995). Cognitive perspectives on school leadership. *Journal of School Leadership, 5*(2), 115–135.

Leithwood, K. A., & Stager, M. (1989). Expertise in principals' problem-solving. *Educational Administration Quarterly, 25*(2), 126–161.

Massachusetts G.L.c. 71, 37H.

Mattocks, T. C. (2006). Leadership and the law. In E. E. Davis (Ed.), *Qualities for effective leadership* (pp. 105–119). Lanham, MD: Rowan & Littlefield Education.

McLaughlin, D. V. (2012). The cultural symphony in schools: Effectively teaching African American and Latino high school students. *Teacher Education Journal of South Carolina, 12*(1), 113–120.

McLaughlin, D. V. (2013). Inside our world: How administrators can improve schools by learning from the experiences of African American and Latino high school students. *NCPEA Education Leadership Special Issue*, 14(2), 28–40.

Myers, N. J. (2008). Block scheduling that gets results. *Principal*, 88(2), 20–23.

Nachazel, T., & Dzoiba, A. (2013). *The condition of education* 2013. (NCES 2013-037). Washington, DC: National Center for Education Statistics, Institute of Education Sciences, U.S. Department of Education.

National Center for Education Statistics. (2007). S*tatus and trends in the educa¬tion of racial and ethnic minorities* (NCES 2007-039). Washington, DC: Institute of Education Sciences, U.S. Department of Education.

National Center for Education Statistics. (2014). *The nation's report card. 2013 mathematics and reading grade 12 assessments* (NCES 2014-087). Washington, DC: Institute of Education Sciences, U.S. Department of Education.

National School Climate Council. (2007). *The school climate challenge: Narrowing the gap between school climate research and school climate policy, practice guidelines and teacher education policy.* New York, NY: Center for Social and Emotional Education; & Denver, CO: National Center for Learning and Citizenship, Education Commission of the States. Retrieved from http://csee.net/climate/aboutcsee/school_climate_challenge.pdf.

Pauken, P. (2012). Are you prepared to defend the decisions you've made? Reflective equilibrium, situational appreciation, and the legal and moral decisions of school leaders. *Journal of School Leadership*, 22(2), 350–384.

Perry. T., Steele, C., & Hilliard, A. (2003). *Young, gifted and black: Promoting high achievement among African-American students.* Boston, MA: Beacon Press.

Shakeshaft, C. (2013). Know the warning signs of educator sexual misconduct. *Phi Delta Kappan,* 94(5), 8–13.

Spillane, J. P., & Healey, K. (2010). Conceptualizing school leadership and management from a distributed perspective. *Elementary Journal,* 111(2), 253–281.

Taylor, P., & Cohn, D. (2012). *A milestone en route to a majority minority nation.* Washington, DC: Pew Research Social & Demographic Trends.

U.S. Census Bureau. (2012). *U.S. Census Bureau projections show a slower grow¬ing, older, more diverse nation a half century from now.* Retrieved from https://www.census.gov/newsroom/releases/archives/population/cb12-243.html.

U.S. Department of Health and Human Services, Child Welfare Information Gateway. (2012). *Mandatory reporters of child abuse and neglect.* Retrieved from https://www.childwelfare.gov/systemwide/laws_policies/statutes/manda. pdf.

Winerip, M. (2013, March 29). Ex-schools chief in Atlanta is indicted in test¬ing scandal. *New York Times.* Retrieved from http://www.nytimes. com/2013/03/30/us/former-school-chief-in-atlanta-indicted-in-cheating-scandal. html?pagewanted=all&_r=1&.

Zelkowski, J. (2010). Secondary mathematics: Four credits, block schedules, continuous enrollment? What maximizes college readiness? *Mathematics Educator,* 20(1), 8–21.